इलाहाबाद भी!

[पहला कहानी-संग्रह]

इलाहाबाद भी!

शेषनाथ पाण्डेय

लोकभारती प्रकाशन

लोकभारती प्रकाशन
पहली मंजिल, दरबारी बिल्डिंग, महात्मा गांधी मार्ग
प्रयागराज-211 001
वेबसाइट : www.lokbhartiprakashan.com
ईमेल : info@lokbhartiprakashan.com

शाखाएँ : 1-बी, नेताजी सुभाष मार्ग, दरियागंज
नई दिल्ली-110 002
अशोक राजपथ, साइंस कॉलेज के सामने
पटना-800 006
36 ए, शेक्सपियर सरणी, कोलकाता-700 017

पहला संस्करण : 2022

मुद्रक : बी.के. ऑफसेट
नवीन शाहदरा, दिल्ली-110 032

ALLAHABAD BHI!
Stories by Sheshnath Pandey

ISBN : 978-93-93186-23-3

मूल्य: ₹495

‘कहानियों’ के लिए
जिन्हें पढ़कर जाना कि मेरे हिस्से के कितने सिरे
इस दुनिया में बिखरे पड़े हैं
और यह भी कि मेरी ज़िन्दगी कहानियों की
कितनी क़र्ज़दार है!

क्रम

सरस्वती घाट

वह मेरे दुःस्वप्नों से तंग आ गई थी और मैंने पहली बार उसे टूटते हुए देखा था। मेरी आत्मा तड़प रही थी कि मैं उसे एक सुन्दर सपने में ले जाऊँ लेकिन एक दिन, दिन की गोधूलि बेला में मैंने उसे विदा करते हुए क़रीब-क़रीब चीख़ते हुए कह दिया, "तुम मुझे छोड़ दो।"

मुझे अच्छी तरह याद है वह गोधूलि का दर्द। वह जगह बैरहना क़ब्रिस्तान की थी जहाँ हम अपनी-अपनी साइकिल लिये सरस्वती घाट से टहलते हुए आए थे, जहाँ से उसे झूसी जाना था। उस दिन भी मैंने उसे अपने देखे हुए एक दुःस्वप्न के बारे में बताया था, "गाँव से पलायन कर पहुँचे शहराती संस्कारों ने तुम्हें घेर लिया है और मैं कह रहा हूँ कि तुम्हें कुछ नहीं होगा, इनके हाथों अपनी गरदन कट जाने दो, मुझे ज़िन्दा करना आता है।"

मैं दुःस्वप्नों की उन चीख़ों को जानता था, जिसमें चीख़ें टूटकर विलीन हो जाती हैं। लेकिन तुम तक बात पहुँच रही है यह मैं देख रहा था। सच यह भी हो सकता था कि मेरी बातें तुम तक नहीं पहुँचतीं या हत्यारों को सामने देखकर ज़िन्दा करने जैसी बातों से तुम्हारा यक़ीन उठ गया है। तुम मुझे बेबस होकर देखती जा रही हो और तुम्हारे सामने चमकती तलवारों के बीच जयकारा गूँज रहा है, "इस संसार में रहना है तो संस्कारों को सहना है।" जबकि मैं एक सन्तोष से भरता जा रहा हूँ कि मैं तुम्हें ज़िन्दा करके हमेशा के लिए इस शहर

से दूर लेकर चला जाऊँगा, जहाँ मृत्यु चाहे जैसी हो लेकिन संस्कारी हत्यारों के हाथों नहीं मरने दूँगा तुम्हें।

मैं तुम्हारी कटती हुई गरदन देखता हूँ और संस्कारों का अट्टहास सुनता हूँ। वे एक जयकार के साथ किसी और गरदन की तलाश में निकल जाते हैं। मैं तुम्हारा धड़ और सिर लिये सरस्वती घाट पहुँचता हूँ, जहाँ यमुना आँखों के सामने संगम में मिल जाएगी। मिलने के आख़िरी कुछ क़दमों के जल से मैं तुम्हें ज़िन्दा करता हूँ। अभी तुम्हारी गरदन का ख़ून साफ़ ही कर रहा हूँ कि वहीं भीड़ गश्त लगाती हुई घाट के इधर-उधर से हमारी तरफ़ बढ़ने लगती है। तुम यमुना में छलाँग लगाते हुए कहती हो कि भीड़ की तरफ़ मत देखो। ये मिलन के हत्यारे हैं। हम पूरी ताक़त से तैरने लगते हैं लेकिन दूसरी तरफ़ से स्टीमरों में बैठे अधिकारी, उनके छर्रे और क़िले पर चढ़े सैनिक हम पर गोलियाँ दागने लगते हैं। तुम डूब जाने की बात करती हो और हम एक अतल गहराई में जाने लगते हैं। एक-दूसरे के हाथों में रहते हुए भी भय और प्रेम का ऐसा संत्रास हमसे लिपट रहा था कि यह ख़याल आया कि चाहे हमें जल के नीचे का ही जीवन मिले पर हम साँस लेना चाहते हैं। एक आज़ाद साँस। तभी मेरी नींद खुल जाती है।

यह कैसा दु:स्वप्न था? इसे सुनते ही वह उठकर खड़ी हो गई और सरस्वती घाट से बैरहना तक मेरी कई कोशिशों के बाद भी वह एक भी शब्द नहीं बोली और क़ब्रिस्तान के पास जहाँ मैं उसे रोज़ छोड़ता था, चुपचाप साइकिल पर बैठकर जाने लगी। अभी उसने दो-चार पैडल ही मारा होगा कि मैंने लगभग चीख़ते हुए कहा कि तुम मुझे छोड़ दो। मुझे याद है! उसने एक पैर के सहारे और वो भी अपनी दाहिनी तरफ़ से इतनी तेज़ी से साइकिल घुमाई थी कि एक पल के लिए मुझे लगा कि यह सर्कस की कोई लड़की है।

लगभग मेरी साइकिल में टक्कर मारते हुए उसने साइकिल रोकी और बिना स्टैंड पर खड़ी किए, बिना एक शब्द बोले, "कहो तो फिर से क्या कहा तुमने?" की मुद्रा में खड़ी हो गई। हकलाते हुए कोई बात जितनी सुधारी जा सकती है, मैंने बात सुधारी, "म्म्म मैंने अगर फ्फ्फ फिर से कोई दुःस्वप्न देखा तो तुम मुझे छोड़ देना।" उसने साइकिल पर बैठते हुए कहा, "यह बात तुम्हें

याद रहेगी ना?" मैंने कहा, "अब देखूँगा ही नहीं कोई दु:स्वप्न।"

"उस दिन मैं छोड़ दूँगी तुम्हें," कहते हुए वह चली गई मानो अभी से ही वह मुझे छोड़कर जा रही हो। लेकिन अगले दिन वह फिर आई और इस बार हम सरस्वती घाट पर नहीं, बैरहना के क़ब्रिस्तान में बैठे दुनिया-जहान की बातें करते रहे। तब से साल के चारों मौसम बीत गए थे लेकिन मुझे कोई दु:स्वप्न नहीं आया।

यह एक ऐसी ख़ुशी थी जिसका अन्त किसी दुख, किसी सज़ा या किन्हीं दु:स्वप्नों के हाथों नहीं हो सकता था। लेकिन वह अक्टूबर की एक झनकती हुई धूप थी, पूरा परिवार घर की पुरानी चीज़ों को साल भर कीड़ों से बचाने के लिए छत पर फैला रहा था। मैं पापा की किताबें फैला रहा था। तभी वाल्मीकि रामायण में से एक पोस्टकार्ड गिरा। पापा को लिखा हुआ यह मेरा पोस्टकार्ड है। पोस्टकार्ड की तारीख़ देखकर अनुमान लगाता हूँ कि तब मैं सातवीं में पढ़ता था, तब हम लोग गाँव में रहते थे और तब से ही घर को लेकर मैं कितना फ़िक्रमन्द रहता आया हूँ। मैं मुग्ध भाव से ख़ुश हुआ और माँ के दोनों गालों को पकड़कर कहा कि सुनो तो यह चिट्ठी। एक हाथ में चिट्ठी थी और दूसरे हाथ में माँ के गाल। पूरी चिट्ठी पढ़ने तक माँ के गाल को पकड़े रहा। ऐसे में माँ मुझे, 'जाओ ना हटो' कहते हुए प्यार से धकेल देती या थप्पड़ मारने की कोशिश करती लेकिन चिट्ठी ख़त्म होने तक वह अपनी साँसें रोके रही। और जब चिट्ठी ख़त्म हुई तो मैंने एक अदद रोब से कहा, "मुझसे अच्छी कोई सन्तान है तुम्हारी?" माँ की आँखों में अश्के-हँसी महदूद हो रही थी लेकिन उसने शिकायत करते हुए कहा, "इतने ही अच्छे हो तो क्यों नहीं महामृत्युंजय का जाप करवा लेते। तुम्हें बस खड़े होना है, सब मैं कर लूँगी।" मेरी सारी मुग्धता हवा हो गई। माँ की ऐसी बातों पर मुझे ग़ुस्सा आता था लेकिन मुझे ग़ुस्सा नहीं आया। मैं अपने कमरे में गया और पोस्टकार्ड को बार-बार पढ़ते हुए सो गया। और जब जगा तो एक दु:स्वप्न के बीच जगा।

फिर से वही दु:स्वप्न! यह आया कैसे? दोपहर में मेरे सोने से पहले ऐसा क्या था? लेकिन अभी बस मुझे अपना और उसका कहना याद आ रहा था जिसमें दु:स्वप्न देखने के बाद मुझे छोड़ देने की बात थी। मेरा माथा दरारों से

इतना भर गया कि हाथों की रेखाओं की तरह ज़ाहिर होने लगा। इस लम्हे में मेरा तर्जुमा घबराहट में हुआ था लेकिन मैंने तय किया कि मैं तुमसे झूठ बोल दूँगा लेकिन कब तक और वह भी उस दु:स्वप्न को जिसे दूसरी बार देख रहा था। मैं ख़ुद को लेकर बेयक़ीनी हो रहा था कि ज़िन्दा करने जैसी कोई बात होती भी है या नहीं!

मैं संशय और यक़ीन के पाटों में पिस रहा था कि तभी उसका फ़ोन आया, उसने एक सुन्दर सपना देखा था और इतनी ख़ुश थी कि साइकिल चलाते हुए फ़ोन पर मुझसे बातें करती जा रही थी और मुझसे कह रही थी कि मैं दस मिनट में घाट पहुँच जाऊँगी। झूसी से बैरहना दस मिनट में! मैंने उसकी स्पीड के बारे में सोचते हुए कहा कि साइकिल की चैन उतर गई तो? "यह मेरी साइकिल है तुम आओ आराम से" और उसने फ़ोन कट कर दिया।

मैं गया, तो वह घाट पर उँगलियों से मेरे इन्तज़ार में कोई चित्र बना रही थी। मेरे पहुँचते ही वह सपने की बात बताने लगी। मैंने उसके चेहरे से फिसलता हुआ इतना नमक कभी नहीं देखा था। उसके जबीं से जहाँ-ए-गर्द बेपर्दा हो रही थी और लताफत के रंग चढ़ रहे थे। इसी झोंक में मैंने भी अपना दु:स्वप्न बताना शुरू किया कि अचानक वो चीख़ उठी, "तुम जाओ यहाँ से, मैंने तुम्हें छोड़ दिया है।" यह चीख़ इतनी विकराल थी, मानो त्रेता युग के धनुष टूटने की आवाज़ ही उसकी मुक़ाबिल हो सकती थी।

पूरे शहर का मुँह सरस्वती घाट की तरफ़ हो गया। हकलाते हुए जितना झूठा बोला जा सकता है मैंने बोला, "मैंने कोई दु:स्वप्न नहीं देखा था वो तो तुम्हें चिढ़ाने के लिए कहा था। झूठ में जितना हँसने की कोशिश की जा सकती थी, उससे कहीं ज़्यादा मैंने हँसने की कोशिश भी की लेकिन वह मुझसे प्रेम करती थी और मैं उस पर मरता था। उसने अपना हाथ आगे बढ़ाते हुए कहा, "खाओ क़सम मेरी" वह पहली बार क़सम खिला रही थी। पहली बार मैं ज़िन्दा करने की बात पर संशय कर रहा था। मैंने कहा, "कुछ तो रहम करो कि एक साल बाद मैंने दु:स्वप्न देखा है, कुछ सालों में आदत छूट जाएगी।"

उसने कहा "तुम जाओ" और वह अपनी साइकिल की तरफ़ बढ़ गई। मैंने कहा कि मैं तुम्हें एक बार और चूमना चाहता हूँ। वह उसी रफ़्तार से मुड़ी

और मुझसे पूछा, "मैंने क्या कहा तुमसे?" मैंने बिना हकलाए कहा, "तुम मुझे जाने के लिए कह रही हो।" "हाँ तो जाओ।" मुझे गुस्सा आना था। मैंने कहा, "मैं नहीं जाऊँगा। यहीं खड़ा रहूँगा।" वह बिना कुछ बोले चली गई। मैं उसके पीछे दौड़ता जा रहा था और ऐसा कुछ कहता जा रहा था कि वह तिलमिला के रुके, बात सुने मेरी। मुझे याद है मैंने उसके पीछे भागते हुए कहा था, "जिसे तुम सुन्दर सपना कह के मुझे सुना गई हो वह सुराखों से भरा हुआ है। मैं तुम्हारे सारे दु:स्वप्नों को जानता हूँ।" लेकिन वह दस मिनट में झूसी से सरस्वती घाट पहुँची थी। उसे ओझल होते देर नहीं लगी।

अब भीड़ मुझसे मुखातिब थी लेकिन लड़की नहीं थी। भीड़ ने लड़की की आवाज़ सुनी थी। मेरे पास लड़की की आवाज़ है इस जुर्म में मुझे तड़ीपार कर दिया गया। मुझे शहर से बाहर पत्थर तोड़ने का काम दिया गया। यह काम मुझे तब तक करना था जब तक कि पत्थर को तोड़ते-तोड़ते देवताओं की मूर्ति बनाना ना सीख जाऊँ। मैंने मूर्ति को आकार देना शुरू किया तो मुझे सुन्दर सपने आने लगे लेकिन मैं उससे दूर था और बार-बार उसकी मूर्ति बना देता। संस्कारों के संविधान में यह जुर्म था और मेरी सज़ा बढ़ती जा रही थी।

एक दिन जब मैं उसके माथे की बिन्दी बना रहा था तो संस्कारों की सत्ता से लहूलुहान लेकिन उसे भीतर तक स्वीकारता उसके दलदल में फँसा जो कि ख़ुद को कलावन्त कहता था। उसने मेरे पास आकर कहा, "तुम्हें अफसोस नहीं होता कि तुमसे देवताओं की मूर्तियाँ नहीं बन रही हैं?" उसकी मूर्ति बनाने में डूबा हुआ मैं इस अफसोस पर क्या कहता! जबकि मैं सुन्दर-सुन्दर सपने देख रहा था। यह तो मेरी मंज़िल होनी थी। उसने मुझे दिलासा दिया कि कोई बात नहीं, तुम मेरी मूर्ति बना दो मैं तुम्हें सज़ा से मुक्त करा दूँगा। मुझे उसकी बात मजेदार लगी इसलिए नहीं कि वो मुझको सज़ा से मुक्त करा सकता है। इसलिए कि कोई होता है जो सज़ा से मुक्ति दिलाने के एवज में अपनी मूर्तियाँ बनवाता फिरता है।

लेकिन अच्छा यह हुआ कि मैं अपनी सज़ा के बारे में सोचने लगा और बिन्दी बनाने के बाद उसकी मूर्ति के हाथों में तीर धनुष पकड़ा दिया और बरी हो गया। लेकिन शहर में वह थी और उसके होने से संस्कारों का सब-कुछ

दाँव पर लगा रहता था इसलिए शहर में प्रवेश करने से पहले यह अफवाह फैला दी गई कि मैंने सज़ा काटते हुए संस्कारों के साथ छेड़छाड़ की है। कि जो मूर्ति मैंने बनाई है, वह किसी देवी देवता की नहीं मेरी प्रेमिका की है। कि उसने मुझे छोड़ दिया है। कि अब तो वह बात पुरानी हो गई है। कि अब तो इलाहाबाद का नाम भी बदल गया है। कि इलाहबाद में मेरा जाना अपनी हत्या को दावत देना है। मैं भयभीत हुआ और इतना कि मैं भूल गया कि ज़िन्दा करने जैसी बातों पर मेरा पूरा यक़ीन था। लेकिन एक सच मुझसे विलग नहीं सकता था कि मैंने अपनी सज़ा के दौरान उसकी मूर्तियाँ बनाते हुए कई सुन्दर सपने देखे थे। मैं उसे अपने सुन्दर सपने बता कर अपने बीच आए दुःस्वप्नों से मुक्ति चाहता था। इसलिए इलाहाबाद के रास्ते पर चल दिया।

लेकिन शहर में दाख़िल होते ही मैं क्या देख रहा हूँ! शहर के चौराहों पर स्क्रीन लगे हुए हैं जिसमें संस्कारी दस्ते की जय बोलने वाली फ़िल्में चल रही हैं। लोग जगह-जगह जोड़ों को मार रहे हैं, उन्हें नंगा कर रहे हैं। उनकी इज़्ज़त लूट रहे हैं, उनकी गरदन उतार रहे हैं और उन संस्कारी हत्यारों पर हेलीकॉप्टर से फूल बरसाए जा रहे हैं। मैं स्क्रीन से ध्यान हटाता हूँ तो दीवारों पर चिपके पोस्टरों पर मेरा ध्यान जाता है। जगह-जगह मेरे पोस्टर लगे हुए हैं, उन पोस्टरों पर मुझे ज़िन्दा या मुर्दा पकड़ लेने पर ईनामी राशि कि घोषणा है। यह कैसे हो गया? और इतनी कम क़ीमत मेरी हत्या के लिए! मैंने आँखें मलते, ख़ुद को चिकोटी काटते हुए इत्तिला किया कि कहीं मैं किसी दुःस्वप्न में तो नहीं फँस गया! नहीं यह कोई दुःस्वप्न नहीं था!

मैं अपने ही शहर में छिपने की जगह देखने के लिए भागा तो एक गली में देखता हूँ कि पूरी गली मेरी ग़ुमशुदगी के पोस्टरों से भरी हुई हैं। जहाँ मेरे दोस्तों ने मुझे खोज लेने की एवज में मुँहमाँगी क़ीमत देने की बात कही हैं। मैंने जी भर के साँस ली। मैंने महसूस किया कि यह एक सुन्दर सपना था जिसे मैं देख सकता था लेकिन तभी मैंने उसके नाम से छपा हुआ पोस्टर पढ़ा। उसने भी मुझे ज़िन्दा या मुर्दा पकड़ने पर ईनाम की घोषणा थी। लेकिन उसकी ईनामी राशि बहुत ज़्यादा थी। इस एक पल में मैंने महसूस किया कि उसके पास मेरी जान की क़ीमत तो थी लेकिन इतनी ज़्यादा कि सबके लिए उसे स्वीकारना, पचाना

मुश्किल था। लेकिन भागते 'भूत की लँगोटी ही सही' के मुहावरे में पैबस्त हमारा समय उसकी ईनामी राशि को झूठ मानते हुए भी यह मानेगा कि कुछ तो मिलेगा ही लड़की से इसलिए समय के हत्यारे मेरे पीछे पड़ गए।

कोई कह रहा था कि तुम सरस्वती घाट तक पहुँचते ही मार दिए जाओगे। कि तुम अपनी आख़िरी इच्छा बता दो। कि तुम्हारी प्रेमिका ही तुम्हें मार देगी। कि तुमने क्यों बनाई उसकी मूर्ति? कि तुमने उसका छोड़ना क्यों स्वीकार नहीं किया? मैं उन सबको झटककर वहाँ से भागते हुए एक साइबर कैफ़े में छिप जाता हूँ और अपना फ़ेसबुक एकाउंट खोलता हूँ। मैं हैरान हो रहा हूँ कि उसके साथ की बहुतेरी लडकियाँ संस्कारी दस्तों के पोस्टों पर शरम लिहाज़ और अपनी संस्कृति-संस्कार के लिए माथा पीटती हुई उनकी हाँ में हाँ मिला रही हैं।

मुझे लगा मैं अभी दम तोड़ दूँगा। जैसा कि होता है टूटते हुए दम के साथ हम कुछ पकड़ना चाहते हैं ताकि निकलती हुई साँसों की लौटने की चाह और उम्मीद एक बार उमड़ आए। मैं उसकी वाल पर गया लेकिन वहाँ मेरी खींची हुई तसवीर के अलावा कुछ नहीं था। वे सारी तसवीरें ग़ायब थीं जिनमें हम साथ थे। मैं उसकी उस दोस्त की वाल पर गया जिसे उसने मुझसे मिलवाया था। उसने अपनी पोस्ट में लिखा था, "फतवे जारी करते हुए पोस्टर ज़िन्दा करने के सारे यक़ीन को दफ़ना रहे हैं। प्रेम पर यक़ीन ना भी हो तो मनुष्यता के यक़ीन पर यह ज़िन्दगी दाँव पर लगाई जा सकती है। हम अपनी ज़िन्दगी दाँव पर नहीं लगा सकते तो कम से कम उनके विरुद्ध तो नहीं हो सकते जिन्हें ज़िन्दा करने पर यक़ीन हो "

यह ऐसा यक़ीन था कि मुझमें ज़िन्दा करनेवाली बात घर कर गई जिसे मैं संस्कारी दस्तों के तांडव, इलाहाबाद का नाम, नक़्शा बदलने और इसके दीवालों पर अपनी लिए घोषित ईनामी राशि देखकर भूल गया था। लेकिन उसकी दोस्त की पोस्ट पर संस्कारी दस्तों के लड़के-लड़कियों की लाइक देखकर संशय से भर गया कि सच में यह सारा खेल मुझे मारने के लिए चल रहा है! मैंने अपनी टूटती हुई साँसों को महसूस करते हुए सोचा कि उसे क्या ज़रूरत थी यह सब करने की! दु:स्वप्न ही तो मेरा सच नहीं था! वह मुझे मारना चाहेगी और मैं साँस ले पाऊँगा! संशयों और यक़ीनों के बीच यह पल ऐसा

होता जा रहा था कि आँखें भरती जा रही थीं और दिल हल्का होता जा रहा था।

मैं फिर से उसकी फ़ेसबुक वाल पर था। अपनी खींची हुई तसवीर को देखते हुए मैंने पाया कि टूटती साँसों की भी एक लय होती होगी। मैं इस लय के साथ अपना सुर मिलाने लगा कि उसकी वाल पर एक नई तसवीर चमकी। मैंने सुर को छोड़कर अपनी आँखों को पोंछा। तसवीर में एक जोड़ा एक गुम्बद के नीचे चुम्बनरत था। जिसके अहाते में अक्टूबर की झनकती हुई धूप थी। एक ऐसी चुप्पी थी कि मानों कहीं कुछ हो गया हो। ऐसा लगता था कि वे अपनी अपनी साइकिल से उतरकर पहला काम एक-दूसरे को चूमने का कर रहे हों कि कहीं यह छूट ना जाए। मैंने देखा कि इस तसवीर को शेयर करने की टाइमिंग जस्ट नाउ थी और प्लेस था सरस्वती घाट। मुझे अहसास हुआ कि मेरा दुःस्वप्न उसके लिए क्यों तोड़ देनेवाला होता था। मैं बिना दम लिए सरस्वती घाट जाने को था कि तभी मेरे इनबॉक्स में एक मैसेज आया, "यह सब उसकी चाल है।" फिर देखते देखते मेरा इनबॉक्स गुड बाय, अलविदा से भरने लगा।

मुझे लगा नहीं कि मैं पागल हो रहा था। मुझे पागल किया जा रहा था। मैं चाहता था कि मैं अभी मर जाऊँ फिर किस डर से मैं सरस्वती घाट जाने में संशय से भर रहा था। सिर्फ़ इसलिए कि मैं उसके हाथों मरना नहीं चाहता था। मैंने फिर से वह पेंटिंग देखी जिरो शेयर करते हुए दस मिनट हो गया था। अचानक से मुझे लगा कि वह दस मिनट से संस्कारी दस्तों के बीच घिरी हुई हो मैंने दम भर साँस ली और उसके द्वारा शेयर की हुई उस पेंटिंग को शेयर करते हुए अपडेट किया, "जो होते होते रह गए वे चुम्बन याद रखना।" और फिर सरस्वती घाट की तरफ़ बढ़ गया, जहाँ वे हैं। जहाँ तुम हो।

चादर

शिरीष गिफ़्ट सेक्शन से कोई गिफ़्ट पसन्द करता फिर उसे बिलिंग कराने के लिए काउंटर पर जाता और लौट आता। ऐसा उसने चौथी बार किया है। शिरीष के इस उहापोह की वजह, उसके जेब में पड़े बारह सौ रुपए हैं। वह समझ नहीं पा रहा है कि कम पैसों में क्या गिफ़्ट लिया जाए कि माधवी को पसन्द भी आ जाए और आज के ख़र्चे के लिए पैसा भी बच जाए।

आज उसकी शादी की चौथी सालगिरह है। चार सालों में वह माधवी के लिए लिए कभी कोई गिफ़्ट नहीं ले गया था। हालाँकि माधवी ने ऐसी किसी भी बात को लेकर कभी कोई शिकायत नहीं की थी, फिर भी शिरीष को लगता कि वह भले कुछ नहीं कहती है मगर उसे गिफ़्ट दूँगा तो क्या वह ख़ुश नहीं होगी। वह ख़ुद से कहता है, “माना तुम गिफ़्ट-सिफ़्ट में विश्वास नहीं करते लेकिन तुम्हें कोई गिफ़्ट देगा तो क्या अच्छा नहीं लगेगा?” शिरीष सोचता है, “अच्छा लगे या न लगे, बुरा तो नहीं ही लगेगा।”

शिरीष ने तय किया कि जैसे भी हो एक गिफ़्ट लेना ही होगा। कंफ़्यूजन के भँवर में फँसे आख़िरकार उसने तय किया कि कुछ ऐसी चीज़ ले लेते हैं जो माधवी के साथ घर के काम भी आ जाए। यह सोच कर वह गिफ़्ट सेक्शन से निकल कर अन्य सेक्शन में घूमने लगा। तभी उसे ख़याल आया कि माधवी चाय और शरबत के सेट के लिए कई दिनों से कह रही थी। घर में शरबत

का सेट पुराना हो गया हैं और उस सेट का एक ग्लास भी फूट गया है। वह क्रॉकरी की तरफ़ बढ़ ही रहा था कि उसकी नज़र लेडीस सेक्शन पर गई। वह फिर से उहापोह में पड़ गया कि क्राकरी लूँगा तो माधवी समझ जाएगी कि बहुत चालाकी करके गिफ़्ट दे रहा है। मगर भला वह ऐसा क्यों समझेगी? न भी समझे तो क्या, बीवी को शरबत का सेट गिफ़्ट करना सही रहेगा? नहीं! ऐसा वह नहीं करेगा।

वह सीधे लेडीज सेक्शन में चला गया। लेडीज सेक्शन में घूमते हुए शिरीष को लगा कि वह औरतों की कितनी चीज़ों से अपरिचित हैं। उसका सर चकराने लगा कि वह उनमें से क्या ले। शिरीष ख़ुद से बतियाता और गिफ़्ट के लिए कुछ ख़ास खोजते-खोजते ऐसी जगह पहुँच गया जहाँ वह अचानक से घबरा गया। सामने अंडर गार्मेंट्स की कई डिजाइनें टँगी हुई थी। उसे लगा कि अब यहाँ एक मिनट भी नहीं रुकना चाहिए। एक तो यह इलाहाबाद ऐसा है कि पहचान वाले हर जगह मिल ही जाते। लोग ये थोड़ी सोचेंगे कि वह बीवी के लिए ये सब ख़रीदने आया है। ऊपर से वह सीधे कोर्ट से वकील साहब के ड्रेस में है। वकीलों पर तो लोग ऐसे ही हँसते रहते हैं। नहीं अब इस सेक्शन में वह नहीं रुकेगा! वह तुरन्त लेडीज सेक्शन से बाहर निकलने लगा। वह इतनी तेज़ी में था मानो कोई उसकी मुखबिरी कर रहा हो।

पर गेट के पास आते-आते उसके दिमाग़ में ये बातें आई कि जो भी हो लेकिन वे अंडर गार्मेंट्स हैं बहुत ख़ूबसूरत। उसे कुछ मजा सा आया। उसके चेहरे पर शैतानी और मुस्कराहट की एक मिश्रित रेखा उभर आई। वह फिर से लेडीज सेक्शन में आया और दूर से ही थोड़ा नज़र बचाकर पसन्द करने लगा। उसका सर चकराने लगा कि वह उनमें से क्या ले। वह घूम-घूमकर परिचित-अपरिचित चीज़ों को देखने लगा। उसे बहुत कुछ अच्छा लगता मगर जब उसका प्राइस देखता तो ध्यान अपने जेब में पड़े पैसों पर चला जाता।

बार-बार चीज़ों को पसन्द करने और अपनी जेब को टटोलने से वह परेशान हो गया था। उसके मन में फिर से ख़याल आया कि इस खस्ताहाल में गिफ़्ट देना सही नहीं होगा। वो देना भी क्या देना है जो रुलाई दिला दे। वह जाना चाह रहा था कि तभी कुछ लड़कियों की टोली उसके पास आ गई। वह शर्मा

कर या यूँ कहिए अपनी इज़्ज़त बचाने के लिए कुछ-कुछ पसन्द करने लगा। एक सेट पर उसकी नज़र ठहर गई। जब हाथ में लेकर उसका प्राइस देखा तो उसके होश उड़ गए। सात सौ रुपए की एक ऐसी चीज़? बाप रे! लेकिन वह करे तो क्या करे। उसे अपने पर फिर से ग़ुस्सा आ रहा था कि मॉल से बाहर चला गया था फिर क्यों अन्दर चला आया। लड़कियों को भी शायद ऐसा ही कुछ चाहिए था इसलिए वे भी अंडर गार्मेंटस की गैलरी के पास मँडरा रही थी। शिरीष को न तो वहाँ एक पल रुकना अच्छा लग रहा था और न ही वह खाली हाथ लौटना चाहता था। इसलिए एक हूक के साथ बिलिंग कराने चल दिया।

बिलिंग की लाइन में खड़े होते हुए हर पल ख़ुद से कहता रहा कि जैसे पहले कई गिफ़्टों को वापस रख दिया हैं वैसे इसे क्यों नहीं रख देते। फिर सोचने लगा कि नहीं अब वह वापस करने नहीं जाएगा। वह अपने को इस बात के लिए उकसाता कि माधवी को कुछ तो अच्छा लगेगा ही। चार सालों में कम से कम वह औरत के बारे में इतना तो जान ही चुका हैं कि औरत भले ही मर्दों की भलमनसाहत को चाहे जितना पसन्द करती हो, उसकी शरारत को बहुत ज़्यादा पसन्द करती है। वैसे भी इस डिजाइन किए अंडर गार्मेंट्स में माधवी कितनी हसीन लगेगी! एकदम फ़िल्मी हिरोइन की तरह! अंडर गार्मेंट्स की ख़ूबसूरती के वजूद को लेकर वह इतराने सा लगा। यह भी तो बात है कि इस गार्मेंट्स में सिर्फ़ वही है जो माधवी को देख सकेगा। एक ऐसा गार्मेंट्स जिसे पहन कर कोई प्रेमिका अपने प्रेमी के सामने बिना शर्म और बिना किसी मौसम के पिघलने, फड़फड़ाने, सूखने और काँपने लगेगी। और यही तो है जो सबसे बाद में देह का साथ छोड़ता है। उसे लगने लगा था कि किसी लड़की के प्रेम में डूबने और उसके बहुत क़रीब (इतना क़रीब कि रोएँ अपनी हरकत शुरू कर दें) आने पर अगर देह और आत्मा के ख़ूबसूरत होने के बाद कुछ और ख़ूबसूरती मन पर लहर उठा सकती है तो वह अंडर गार्मेंट्स ही हैं। नहीं इसे अंडर गार्मेंट्स कहना ठीक नहीं होगा इसे तो लवर गार्मेंट्स कहना चाहिए। इतना सोचने के बाद भी उसकी सोच हर पल बदलती रही। पर अब कुछ और सोचने से क्या फायदा। बिलिंग कराने के लिए उसने दे दिया है।

जब बिलिंग करने के बाद कैसियर ने सात सौ रुपए की माँग की तो

शिरीष बनावटी तरीक़े से चौंकते हुए कहा कि सात सौ! एक मिनट दीजिए तो। उसने फिर से अपने शरारती गिफ़्ट के प्राइस को देखा और कैसियर से कहा कि सॉरी मैं कंफ़्यूज़ हो गया था। मुझे लगा यह सत्तर रुपए का है। आप बिल कैंसिल कर दीजिए। कैसियर ने नाराजगी और झेंप से मिला जुला एक लुक दिया। शिरीष के पास अपने बचाव के लिए कई दलीलें थीं लेकिन उसने वहाँ से हटना ही बेहतर समझा।

बाहर आते ही उसने लम्बी साँस ली और तय किया कि अब गिफ़्ट नहीं लेगा। वह चाय की दुकान पर गया और इतमिनान से चाय पीने लगा। मॉल के अन्दर गिफ़्ट लेने और न लेने के उहापोह से जितना उबला हुआ था चाय की गर्मी उसे राहत दे रही थी। जब थोड़ा रिलेक्स हुआ तो उसे अहसास हुआ कि उसे वह गिफ़्ट ले लेना चाहिए था। इस अहसास के आते ही उसे ख़ुद पर झल्लाहट हुई। वह सोचने लगा कि सात सौ रुपया चला जाता तो क्या होता। हो सकता है कल कोई क्लाइंट मिल जाए या सीनियर ने कुछ काम दे दिया तो पैसे आ ही जाते, जैसे आज अचानक से एक मसौदा तैयार करने का काम मिल गया। यह मौक़ा तो एक साल में एक ही बार न आता है। अब तो ज़िन्दगी में वकालत करने और पैसा बनाने के अलावा बचा ही क्या है? माधवी उस गिफ़्ट को पाकर ज़रूर ख़ुश होती। हमेशा से मेरी गम्भीरता को लेकर छेड़ती रहती है। इस गिफ़्ट के बाद तो मेरे ऊपर से गम्भीरता की ये धुन्ध थोड़ी तो ज़रूर ही छँट जाती। और कुछ नहीं हुआ तो जब मैं माधवी को उन गार्मेंट्स में देर तक देखा करता तो कितना अच्छा लगता। और तब कितना, जब वह अपनी हरकतों से मुझे खींचना चाहती और मैं अपनी साँसों, अपने रोओं को सहेजते हुए किसी अनन्त की तरफ़ एक बहकी निगाह से भावशून्य होने के बहाने में बहता जाऊँगा। एकबारगी उसके मन में सुनामी की तरह ख़याल आया कि गिफ़्ट ले ही लिया जाए। लेकिन लेडीज सेक्शन, अंडर गार्मेंट, कैसियर, हो सकता है वे लड़कियाँ अभी भी कुछ पसन्द कर रही हों। ये सब ख़याल आया तो उसने ख़ुद से कहा कि नहीं, वह नहीं जाएगा।

मगर गिफ़्ट???!!!

पता नहीं आज क्यों वह गिफ़्ट के चक्कर में ऐसा पड़ गया है। वह एक

पल ख़ुद पर ग़ुस्सा करता तो दूसरे ही पल ख़ुद को समझाने लगता। दो साल से वकालत कर रहे हो। एक साल से बीवी को अपने साथ रखे हो। ठीक है पहले जब बेरोज़गार थे, कुछ नहीं देते तो चल जाता। अब तो कुछ देना ही चाहिए। यही सब सोचते हुए वह चाय का पैसा देकर घर के लिए निकल गया। अभी थोड़ी दूर चला ही था कि उसकी सासू माँ का फ़ोन उसके पास आ गया। वह सुबह से सालगिरह की बधाई देना चाहती थी लेकिन उसका फ़ोन नहीं लग रहा था। सासू माँ को बधाई के बाद उसने शुक्रिया कहा तो सासू माँ अपनी बेटी की देखभाल के लिए चिन्ता व्यक्त करने लगी। हालाँकि सासू माँ की यह चिन्ता सनातन थी फिर भी शिरीष को लगा कि वह उनकी बेटी के लिए इस माइलस्टोन डे पर भी कुछ नहीं ख़रीद पा रहा है इसीलिए ऐसा कह रही हैं। फ़ोन कट जाने के बाद वह मॉल की तरफ़ फिर से देखने लगा और अपने को समझाने लगा। माधवी तुमसे कितना प्यार करती हैं। तुम्हारी छोटी कमाई में कितना ख़ुश होकर घर चलाती है, कभी कुछ भी कहती नहीं। जब तब तो वो तुम्हारे लिए भी अपने मायके से मिले पैसों से शर्ट वग़ैरह ख़रीद देती हैं। यह कोट के नीचे तुमने जो धारीदार पैंट पहन रखी है वह माधवी की ही तो दी हुई है।

शिरीष के लिए इतना सोचना बहुत था। वह फिर से लेडीज सेक्शन में उपस्थित था। वह अपने पुराने शरारती गिफ़्ट के बारे में सोच ही रहा था कि तभी एक सेल्स गर्ल सामने आ गई, "मैं आपकी कुछ हेल्प कर सकती हूँ?" सेल्स गर्ल की मुस्कान वाली हेल्प के सवाल से शिरीष ज़रूरत से ज़्यादा ही घबरा गया। घबराहट में उसने इतना झटके से "नहीं" कहा कि सेल्स गर्ल घबरा गई और मुस्कराते हुए "ओके सर" कहकर आगे बढ़ गई। शिरीष थोड़ा रिलेक्स तो हुआ लेकिन उसे लगा कि यह लड़की कब से उसे देख रही है। सोच रही होगी कि यह कितना टुच्चा सा आदमी है जो कब से औरतों के सामान देखे जा रहा है। कुछ देर वह अपने कंफ़्यूजन में जड़ हुआ खड़ा रहा। तब तक वही सेल्स गर्ल चक्कर काटती हुई वापस आई। उसे शायद शिरीष का झटके वाला "नहीं" अच्छा नहीं लगा था इसलिए अपना सेल्स रूप दिखाते हुए मुखातिब हुई, "सर एक्चुअली इस सेक्शन में जेंटस लोग जेनरली कंफ़्यूज हो

जाते हैं इसलिए मैंने आप से हेल्प की बात की थी। क्यों आपको कुछ पसन्द नहीं आ रहा है?" शिरीष इस बात पर बुरी तरह चिढ़ गया, "आप ही पसन्द करवा दीजिए।"

"सर मैं तो कह ही रही थी, कहिए क्या लेना है आपको?"

शिरीष का चिढ़ना उतरने लगा। उसने अनमने से कहा "एक अच्छा-सा गिफ़्ट लायक कुछ दे दो। चीप एंड बेस्ट टाइप कुछ।" फिर तो आप इसमें से कुछ ले लीजिए। वह लिपस्टिक की गैलरी दिखाने लगी। वहाँ पर पहले से दो लड़कियाँ मौजूद थी। पहली लड़की ने इशारा किया और दोनों लड़कियाँ लिपस्टिक दिखाने लगीं। वह अपने हाथों पर कभी कलर करती तो कभी अपने होंठों पर। शिरीष को लिपस्टिक लगाती हुई लड़कियाँ एक शरारत की तरह लग रही थीं लेकिन वह उन्हें क़ायदे से देखे तो देखे कैसे। लड़कियों को ठीक से न देख पाने की कुलबुलाहट ने शिरीष से कहलवा दिया कि सब तो अच्छा ही है लेकिन पता नहीं जिसके लिए ले जाना है उसे पसन्द आएगा या नहीं। इस पर एक लड़की ने कहा, "आप बता दीजिए वह कैसी है, आई मीन उनका कलर..." शिरीष इस बात से फिर चिढ़ गया। उसके जी में आया कि कह दे कि तुझसे लाख गुना अच्छी है। मगर मुस्कराते हुए उस गोरी लड़की पर डीप कत्थई कलर की चढ़ी लिपस्टिक देखकर ऐसा कुछ कहने का ख़याल दिल से निकाल दिया। उसने दूसरा बहाना बनाते हुए कहा, "लेकिन इस लिपस्टिक के लिए पाँच सौ रुपए तो बहुत हैं।"

लड़की रुकनेवाली नहीं थी, "नहीं सर, यही तो समझना है। गिफ़्ट के लिए जब इतनी महँगी लिपस्टिक ले जाएँगे तो किसी को भी ज़्यादा लगेगा। सोचिए ज़रा इससे दुगुने-तिगुने क़ीमत का कोई ड्रेस वग़ैरह लेंगे तो नॉर्मल ही होगा।"

शिरीष को लड़की की बातें उतनी जँची नहीं क्योंकि उसके दिमाग़ में अभी भी लवर गार्मेंट्स की हलचल थी, लेकिन अब वह लेडीज सेक्शन में घिर चुका था। लिपस्टिक लेकर बिलिंग कराने गया तो उसको पाँच सौ अभी भी खटक रहा था। इस खटकन की वजह से वह सोचने लगा कि माधवी तो ऐसी ही सुन्दर है उसे सिंगार-फिंगार की क्या ज़रूरत। इसे ले जाने से अच्छा अगर मैं अपने

निखालिस मुँह से ही कुछ कह दूँ कि तेरे होंठ कमल की तरह लाल हैं या तेरी जुल्फें पहाड़ी बादलों की तरह घनी हैं तो वह कहीं ज़्यादा ख़ुश हो जाएगी। यह खटकन इतना खटक गया कि उसके हाथ से वह लिपस्टिक गिर गई और कलर करनेवाला भाग बाहर आ गया। उसने घबराकर लिपस्टिक उठाई और जैसे तैसे उसमें फिट किया। उसके हाथ लिपस्टिक के रंगों से मैरूनी हो गए थे लेकिन जेहन पर राख के रंग चढ़ गए थे।

इस टूटे हुए गिफ़्ट के वह पाँच सौ देगा? अगर पाँच सौ में ले भी लिया तो माधवी इसे पाकर क्या सोचेगी कि गिफ़्ट दिया, मगर वो भी टूटा हुआ। ऐसा लगेगा जैसे रास्ते में किसी महिला से छेड़खानी करने में कुछ हाथ नहीं लगा तो उसकी लिपस्टिक ही झपट लाया। शिरीष ने बहुत लम्बी साँस खींच कर अपने सीने में बैठा लिया मानो वह कब से बाहर निकलने के लिए बेचैन हो रही हो। उसकी वापस आई साँस ने उसका जिगरा मजबूत किया और उसने चुपचाप गिफ़्ट को जहाँ से लिया था वहीं रख दिया। लड़कियाँ क्या हुआ सर, क्या हुआ सर...सर...कहती रही। वह 'घंटा सर' कहते हुए चल दिया। लड़कियाँ थोड़ी झेंप गईं मगर वह बड़बड़ाते हुए आगे बढ़ गया कि मॉल में सरेआम लूट होती हैं, पाँच रुपए की चीज़ को पचास में भी देते तो चल जाता, पाँच सौ में दे रहे हैं। इतना अन्धेर थोड़ी मचा है। उसकी साँसें फिर निकल जानेवाली थीं। उसने फिर से लम्बी साँस खींच कर अपने सीने में बैठाया और मॉल के बाहर चला आया।

बाहर आते ही उसने तय किया कि गिफ़्ट सिफ़्ट की बात अब दिमाग़ में नहीं रखना है। इसे अच्छा होगा कि वह सारे रुपए को माधवी के हाथों में देगा तो कहीं ज़्यादा ख़ुश हो जाएगी। गिफ़्ट तो वह देता है जिसे अपने प्यार का सबूत देना होता है। वह तो माधवी से ऐसे ही बहुत प्यार करता है। वही तो है जिसकी वजह से उसकी छोटी कमाई में कभी कोई निराशा नहीं होती। उसका किराए का घर माधवी की मुस्कराहट से सोलहों घड़ी आबाद रहता है। वह सोते हुए भी मुस्कराती रहती है। एक वह है कि नींद में भी चैन से नहीं सोता। सपने में बिना मतलब बड़बड़ाता रहता हैं और माधवी को डरा देता है।

शिरीष यही सब सोचता घर के लिए रिक्शे का इन्तज़ार कर रहा था कि

उसे फूल और बुके की दुकान दिखाई दी। अचानक उसके क़दम रुकने से लगे। वह रुकना नहीं चाहता था। तभी उसके मोबाइल पर माधवी का मैसेज आया–

"कहाँ हैं जनाब? आज तो घर थोड़ा पहले आ जाते।"

इस मैसेज से माधवी की याद अखर-सी गई। उसे लगा कि वह समय से घर न जाकर हर रोज़ ग़लती करता आ रहा है। कितने दिनों से बेचारी सब सहती आ रही है। आज मॉल से उस गिफ़्ट को ले लेता तो कम से कम वह आज तो ज़रूर मुझ से ख़ुश होती और मैं अपने लेट होने की वजह भी बता देता कि इसे पसन्द करने में देर हो गई। वह थोड़ा ख़ुश हुआ लेकिन मॉल की तरफ़ देखते ही सारे ख़याल दिल से निकल गए। वह फूलों की दुकान के पास चला गया। कई सारे फूलों को पसन्द करके एक अच्छा से बुके तैयार करवाया जिसके लिए उसे तीन सौ रुपए देने पड़े। फिर भी वह ख़ुश था। बहुत ख़ुश।

वह बुके को बार-बार देखता। उसे लगता उसकी माधवी उसी में बैठी हुई है। वह बुके को निहारता और कभी सामने का रास्ता देखते चला जा रहा था कि तभी सामने से उसके दो दोस्त मैकबेथ की चुड़ैलों की तरह आते हुए दिखाई पड़े। ये दोनों दोस्त उसके साथ ही वकालत करते हैं। शिरीष के हाथ में बुके को देखकर एक ने मजा लेते हुए कहाँ, "क्यों शिरीष बाबू ये बुके कहाँ से मिल गया आपको। किसी केस का गड़ा मुर्दा तो नहीं उखाड़ लिए?" शिरीष ने थोड़ा झेंपते, थोड़ा झिझकते हुए कहा, "नहीं आज शादी की सालगिरह है..." आगे शिरीष कुछ कह पाता कि वे दोनों खिलखिला के हँस पड़े और हँसते हुए दोनों ने बधाई दी। बधाई के बाद एक ने मजा लिया, "तुम बड़े लकी हो यार। चार साल हो गया फिर भी जुबली पर जुबली मनाते जा रहे हो।" शिरीष को यह अच्छा नहीं लगा। उसने ख़ुद को सँभालते हुए कहा कि यार मुझे देर हो रही है। कल मिलेंगे तो तुम लोगों को रसगुल्ला खिलाऊँगा।" दोनों हँसते हुए हाँ...हाँ...करते चले गए।

उनके जाने के बाद शिरीष को लगा कि बुके को इस तरह खुला नहीं ले जाना चाहिए। वह फिर बुके की दुकान पर आया और दुकानदार से बुके के लिए बड़ी-सी पन्नी की माँग करने लगा। दुकानदार के पास पारदर्शी पन्नी थी।

शिरीष ब्लैक कलर की पन्नी की माँग कर रहा था तो दुकानदार ने कहा, "अरे ले जाइए वकील साहब। आप तो बिना मतलब ही सोच रहे हैं। कोई देखेगा तो क्या कहेगा। यहाँ तो लोग ऐसे ही ले जाते हैं। दस हज़ार की रोज़ सेलिंग हैं। लगता है शहर में आप नए हैं।"

शिरीष को दुकानदार की बातें चुभ गईं। जिस शहर में वह पैदा हुआ है उस पर यह आरोप। दस हज़ार की रोज़ की सेलिंग हैं तो यह मुझे क्यों सुना रहा है। क्या मुझे देखकर इसने अन्दाज़ा लगा लिया है कि मैं महीने भर में मुश्किल से दस बारह हज़ार कमा पाता हूँ। शिरीष के अन्दर अपनी हैसियत को लेकर मलाल हुआ। मगर उसने ख़ुद को समझाया कि आख़िरकार वह वकील है। उसने वकालत को इसलिए नहीं चुना है कि कहीं नौकरी नहीं लग रही थी तो कर लिया। वह वकालत करना चाह रहा था इसलिए कर रहा है। एलएलबी में उसकी पोजिशन टॉप टेन में थी। फिर उसने लॉ में मास्टर की डिग्री ली है, वो भी इलाहाबाद यूनिवर्सिटी से जिसे पूर्व का ऑक्सफोर्ड कहा जाता हैं। ठीक है वह अभी अच्छी कमाई नहीं कर पा रहा है। घर में बँटवारे की वजह से उसका अपना कोई घर नहीं है। लेकिन इसका मतलब ये तो नहीं कि उसे ऐरे-ग़ैरे वकीलों की तरह देखा जाए।

दुकानदार की ऐसी कोई मंशा नहीं थी। मगर पैसों की तंगी से शिरीष के अन्दर जो हीनता बैठी थी वह बाहर आ गई। वह बुके वापस करने के बारे में सोचने लगा। उसे लगा कि अगर वह बुके लौटा देगा तो फूलवाले की कमाई में तीन सौ तो कम पड़ेंगे ही। मगर वह क्या कह के लौटाएगा? उसे एक आइडिया क्लिक हुआ। वह दुकान से हटकर एक गली में चला गया और पाँच मिनट बाद घबराते हुए दुकान पर फिर आया, "भाई साहब बहुत गड़बड़ हो गया। हम जिसके लिए बुके ले जा रहे थे उसका एक्सिडेंट हो गया है। आप के पास इतने ग्राहक आते हैं, दस हज़ार की सेलिंग हैं। किसी और को बेच दीजिएगा।" दुकानदार इनकार करना चाह रहा था कि शिरीष ने बात काटते हुए कहा–

"आप मुझे तीन सौ के अलावा कुछ और पैसे दे दीजिए। हॉस्पिटल जाना है। मैं कल कोर्ट आऊँगा तो आप को दे दूँगा। यह लीजिए मेरा विजिटिंग कार्ड। प्लीज।"

दुकानदार के पास कोई जवाब नहीं था। उसने बचने के लिए कहा कि देखिए दुकान का मालिक यहाँ नहीं है। आप अपना तीन सौ लीजिए और जल्दी जाइए। इस समय वहाँ पैसों से ज़्यादा अपनों की ज़रूरत होती हैं। शिरीष ने हड़बड़ाते हुए पैसा लिया और निकल आया।

शिरीष घर के लिए रिक्शा लेने के बाद एक विजेता जैसा फील कर रहा था। वकील हैं हम। पैसा नहीं कमा रहे हैं तो क्या मेरी अकल मर गई है। चाहूँ तो कल किसी को भी कटघरे में खड़ा कर सकता हूँ। अपनी इस हरकत से वह ख़ुश था और ख़ुद से कह रहा था कि कल को तुम्हें बड़ा वकील बनने से कोई रोक नहीं सकता हैं। फिर उसे ख़याल आया कि माधवी को यह इंट्रेस्टिंग क़िस्सा सुनाएगा तो बहुत ख़ुश होगी। मगर कहीं उसे यह तो नहीं लगेगा कि अपनी वकीली दिखाने में उसका एक्सीडेंट करवा दिया। यह ख़याल आते ही वह लेबर चौराहे की दुकानें देखने लगा। उसके भीतर फिर से माधवी के लिए कुछ ख़रीदने की इच्छा जागने लगी।

इस बार उसने किसी दुकान में जाने से पहले तय किया कि जो भी लेगा उसे वह वापस नहीं करेगा। रिक्शे से उतरा तो सामने चादर की दुकान थी। माधवी चादर बदलने की बात भी कई दिनों से कह रही थी। वह चादर ही गिफ्ट करेगा और मुस्कराते हुए कहेगा कि नई चादर पर हम अपने प्यार की नई इबारत फिर लिखेंगे। शिरीष मुस्कराया और दुकान के अन्दर चला गया।

एक अच्छी चादर की तलाश में उसने पूरी दुकान ही छनवा डाली। उसे आठ सौ रुपए की एक चादर पसन्द आई और ले लिया। दुकान से जैसे ही निकला माधवी का मैसेज फिर आया। जिसमें कहाँ हो, कब आओगे जैसी बातों के साथ यह बात भी जुड़ी थी कि घर पर मेरी कुछ सहेलियाँ आनेवाली हैं आते वक़्त थोड़ा स्वीट, नमकीन और...इसके आगे सम टेक्स्ट मिसिंग था।

उसे अपने पर बहुत ग़ुस्सा आया कि उसने माधवी के पहले मैसेज का रिप्लाई क्यों नहीं किया। वह मैसेज पैक से मैसेज टाइप करने को सोचने लगा। लेकिन अभी यह मैसेज अपडेट तो हो पहले। मैसेज के अपडेट होने के इन्तज़ार के साथ उसने यह अनुमान भी लगाया कि आगे और क्या हो सकता है। फिर सोचा कि जो भी होगा, उसके पास बचे चार सौ रुपए में तो नहीं ही

हो पाएगा। उसने चादर लौटाने की बात सोची तो उसके क़दम आगे-पीछे होने लगे। उसे जल्दी से कुछ तय करना था लेकिन वह किसी भी हाल में चादर लौटाना नहीं चाहता था। वह मॉल और बुके की दुकान वाली घटना से थक चुका था। मगर कुछ तो करना होगा। माधवी की सहेलियाँ आ रही हैं। अब क्या करेगा वह? हुँह...और करने को बचा ही क्या है। आख़िर में चादर वापस करने चला गया। दुकान में घुसते ही बोला, "देखिए मेरे घर में एक्सिडेंट हो गया है। मुझे अभी पैसों की ज़रूरत हैं। आप चादर रख लीजिए या ऐसा नहीं कर सकते तो मैं एक दो दिन में दे दूँगा। ये लीजिए मेरा विजिटिंग कार्ड। प्लीज।" दुकानदार ने शिरीष के काले कोट को देखा और चादर वापस करना ही बेहतर समझा।

शिरीष ने मिठाई, नमकीन के साथ खाने के लिए ढेर सारी सब्ज़ी लिया जिसमें पनीर और मशरूम भी शामिल था। उसके दोनों हाथ भरे हुए थे और वह इतनी जिला जलालत के बाद मिठाई और सब्ज़ी लेकर बहुत ख़ुश था। तभी उसके मोबाइल पर फिर से माधवी का मैसेज आया। यह कोई नया मैसेज नहीं था। पुराना वाला ही अपडेट हुआ था। जिसमें आगे की बात थी, "और हाँ सब्ज़ी मत लाना आज बाहर ही खाने के लिए चलेंगे।"

शिरीष को करेंट से भी ख़तरनाक झटका लगा। उसे लगा कि पूरा शहर उसकी बेबसी को आँखें फाड़कर देख रहा हैं। उसे इच्छा हुई कि लेबर चौराहे के बीच अपने हाथ में लिए झोले और पन्नियों के साथ बैठ जाए और चिल्ला कर कह दे कि वह एक अच्छे दिन पर भी अपनी प्यारी पत्नी के लिए कुछ अच्छा नहीं कर सकता है। पहली बार उसे अपनी थकान में हार की ऐंठन महसूस हुई। वह धीरे-धीरे अपने कमरे की तरफ़ बढ़ने लगा। कुछ देर चलने के बाद उसके झोले से एक ऑटोवाला टकरा गया। वह लड़खड़ाया और ख़ुद को सँभालते-सँभालते झोले को भी सँभाल लिया। मगर झोला फटने के लिए बेकरार हो रहा था। वह चिल्लाया, "अमे यार...झोले से तुमका कउन दुश्मनी है। सीधे चढ़ाय दो हमरे उपर। इहे खत्म होय जाए। कल से एक आदमी तुम्हरे रास्ते की भीड़ से कम हो जाएगा।"

अपनी रूमाल से उसने झोले को बाँध कर ठीक किया। अब उसे माधवी

पर ग़ुस्सा आ रहा था। वह दनदनाता हुआ घर की तरफ़ बढ़ा जा रहा था। माधवी को तो कम से कम सोचना चाहिए था कि बाहर ले जाने के लिए मेरे पास पैसे हैं कि नहीं। ऊपर से अपनी सहेलियाँ को बुला लिया हैं। इधर मैं इतना सब कुछ ख़रीद लिया हूँ। ऐसे ही ख़ुद को लताड़ता तो कभी माधवी पर ग़ुस्साता, घर के अन्दर दाख़िल हुआ।

माधवी और उसकी सहेलियाँ उसका इन्तज़ार कर रही थीं। उसने किसी से कुछ कहा नहीं और सीधे अपने बेडरूम में गया और सारा सामान रखकर लेट गया। माधवी और उसकी सहेलियाँ घबरा गई तो उसने कहा, “घबराने की बात नहीं है। बस चार-पाँच उल्टियाँ भर हुई हैं। कोर्ट में मुवक्किल दिन भर उल्टा-पुल्टा खिलाते रहते है, शायद उसी का असर हो। मुझे बस एक गिलास निम्बू पानी दो। आराम करूँगा सब ठीक हो जाएगा।”

बाहर खाने जाने की बात दिल से निकल गई थी। माधवी बहुत देर तक परेशान रही और डॉक्टर के पास चलने की बात कहती रही। ‘शिरीष बस, आराम करने दो’ कहकर बात टालता रहा। गिफ़्ट ना लाने की बेचैनी से उसकी करवटें और बढ़ गई थीं और उसकी हर करवट से माधवी का घबराना तेज़ हो गया था। शिरीष अपनी करवटें, अपनी बेबसी रोकना चाह रहा था और इसके लिए उसे यही लगा कि माधवी को भी अपने पास बुला ले। माधवी उसे अपनी बाँहों में लेकर उसके सीने पर हाथ रखकर उसे हल्का-हल्का सहला रही थी और कह रही थी कि हमने नहीं सोचा था हमारी सालगिरह ऐसे जाएगी। शिरीष भी कुछ ऐसा कहना चाह रहा था लेकिन चुप रहा और माधवी को अपने पास महसूस करने की कोशिश करने लगा। माधवी की देह से नई साड़ी की महक आ रही थी। इस महसूसने से उसकी जागती आँखों में सपना चलने लगता है। वह घर में दाख़िल होता है। माधवी को बुके देते हुए ‘हैपी मैरिज डे माधवी’ बोलता है। उसकी लाई हुई पाँच सौ की लिपस्टिक से माधवी के होंठ मैरूनी हैं। वह लवर गार्मेंट्स तक पहुँचता है तो देखता है कि ये तो वही सात सौ के लवर गार्मेंट्स है जो आज उसने माधवी को गिफ़्ट में दिया है। वह माधवी को लवर गार्मेंट्स में देखता है और उसे नींद आ जाती है।

आधी रात में उसकी नींद खुलती है। उसे फिर से सब याद आता है। वह

माधवी के लवर गार्मेंट्स तक पहुँचना चाहता है, उसे देखना चाहता है। इस यात्रा की शुरुआत के लिए वह माधवी को निहार रहा है कि तभी माधवी की नींद खुल जाती है। नाइट बल्ब में अपने पति के अपलक देखने से उसे डर लगता है और घबराकर उठ जाती है और लाइट जलाकर हाल पूछने लगती है। कमरे में रोशनी भर जाने से शिरीष को कमरा कुछ नया-सा लगता है। टेबल पर नए शरबत और चाय के सेट थे। मेज पर नया मेजपोश था। उन सब पर हाथ की कढ़ाई से फूल बनाए गए थे। मेजपोश पर फ़ोटो फ्रेम नया था। नए सेट को देखकर वह थोड़ा चकित होता है और उसकी नज़र थोड़ी झुकती है तो देखता है बेड पर नई चादर और तकिए के खोल नए हैं। शिरीष माधवी को देखते हुए चादर की तरफ़ देखने लगता है। चादर उसे अपनी तरफ़ खींच रही थी। वह खिंचता हुआ चादर पर फैल गया। औंधे मुँह लेटे हुए चादर को अपने हाथों से वैसे छू रहा था जैसे पहली बार माधवी को छुआ था। उसका दिल चादर को चुम्बन से पाटने के लिए चादर की लम्बाई नाप रहा है। वह ख़ुश है कि लम्बाई नाप नहीं पा रहा है।

तारीख़

यह सर्दी की एक चढ़ती रात में हेमन्त बाबू के अन्दर उतरती हुई उदासी है। आज वे रिटायर हुए हैं। उन्हें ख़ुश होना चाहिए था लेकिन वे रिटायरमेंट के बीत चुके और आनेवाले वक़्त के बीच किसी फाँस को निकालना चाह रहे हैं। वे अपनी गोद में लैपटॉप खोलकर बैठे है। उनकी बगल में उनकी पत्नी सुधा लेटी हुई है। उनके मेल के ऐड्रेस बार में ananya50@yahoo.co.in लिखा हुआ है। वे मेल के पेज पर hi अनन्या लिखते हैं।

हेमन्त बाबू बार-बार कुछ लिखते है मिटाते हैं। फिर लिखते हैं— "रिटायरमेंट के दिन की रात कैसी होती होगी? तुम तो इस रात को गुजार चुकी हो अनन्या? मुझे फ़ेसबुक से पता चला था जब तुम्हारे रिटायरमेंट पर तुम्हारे फ़ेसबुक फ्रेंड्स तुम्हें नए जीवन, नई आज़ादी की शुभकामना और बधाई दे रहे थे और मैंने भी सत्रह मार्च की उस ढलती रात में बधाईनुमा एक मेल लिखा था। मैं तुम्हें अब तक हज़ारों बधाइयाँ तो भेज ही चुका होऊँगा? रिटायरमेंट के दिन की रातवाली मेरी बधाई कैसी लगी होगी तुम्हें?" इतना लिखने के बाद उन्हें फिर कुछ समझ में नहीं आता तो क्वेश्चन मार्क बढ़ाते जाते हैं। फिर वाइन की एक घूँट लेते हैं। एक सिगरेट जलाते हैं और आगे लिखते हैं–

"हाँ अनन्या, मैं तुमसे एकदम यही पूछना चाह रहा हूँ कि रिटायरमेंट के दिन की रात कैसी होती होगी? उस लेखक-पत्रकार के लिए कैसी होती होगी

जिसके पीछे कितना कुछ लिखना, करना छूट गया होगा? उस व्यक्ति के लिए वो रात कैसी होगी जिसकी बगल में उसकी पत्नी उस नींद के साथ सोई हुई है कि कल से उसके पति को ऑफ़िस नहीं जाना होगा? उसे कहीं नहीं जाना होगा?

मैं अभी अपनी पत्नी की मधुर नींद को महसूस कर रहा हूँ। उसे लग रहा है कि मैं सितार या वीणा की तरह बज रहा हूँ और वो उस संगत में सो रही है। उसकी नींद कह रही है कि वो मेरे बाक़ी बचे सालों को अपने दामन से लपेट लेना चाह रही है। और मैं अपनी पूर्व प्रेमिका से पूछ रहा हूँ कि रिटायरमेंट के दिन की रात कैसी होती होगी? क्या यहाँ प्रेमिका कहना तुम्हें ज़्यादा चुभ गया होगा या पूर्व प्रेमिका कहना?

मैं जानता हूँ सालों से भेजे गए मेरे पत्र और मेल तुम्हें बेध रहे होंगे इसीलिए उनका जवाब तुम कहीं अपने में डुबो ले गई हो लेकिन मैं तुम्हारी चुभन महसूस कर सकता हूँ। दिल्ली की सर्दी में यह चुभन और महसूस हो रही है। मेरे शहर मनाली की एक दिन की सर्दी तुम्हें याद है? या तुमने उस अड़तीस साल पहले की सर्दी से रिटायर ले लिया है या कत्ल कर दिया है उसका? चूँकि यह रिटायरमेंट के दिन की रात है इसलिए यह चुभन उदासी की धुन्ध रच रही है और इस रात में बैठा मैं तुझमें उतर रहा हूँ ताकि धुन्ध से पार निकल पाऊँ। इसलिए कह सकता हूँ कि गहराई उदासी की हो या ख़ुशी की उसमें जहाँ तक उतरा जा सकता है...उतर जाना चाहिए।"

हेमन्त बाबू अभी इतना ही लिख पाते हैं कि उनकी पत्नी उठ के अलसाई हुई सी कहती है, "उम्म हूँ...क्यों उदासी में उतर रहे हो और उस बेचारी को भी उतार रहे हो? अब लिख दो कि रिटायर हो गया हूँ और तुमसे मिलने का काम ही रह गया है। मैं तुमसे मिलना चाह रहा हूँ।" हेमन्त बाबू मज़ाक करते हैं, "ये भी लिख दूँ कि जो तुम्हारे साथ अब तक जी नहीं पाया वो जीना चाहता हूँ।" हेमन्त की पत्नी करवट लेती है और अलसाई हुई सी उनके पैरों पर अपना पैर रखती है और कहती है, "अड़तीस सालों से तो वह तुम्हारे एक पत्र का जवाब नहीं दे पाई और तुम हो कि...क्या कहूँ तुमसे...फिर भी...अगर लिख सकते हो तो लिख दो।" इतना कह के वो इत्मीनान से सो जाती है।

हेमन्त बाबू आगे लिखते हैं, "अभी पत्नी ने जो कहा उसका मतलब ये था कि मैं इधर-उधर की बातें न करके तुमसे मिलने की अपनी बेचैनी की बात करूँ और कहूँ कि तुम मुझसे मिलो। सुधा को पत्नी कहते हुए उतना ही खटकता है जितना तुम्हें प्रेमिका कहते हुए।" इस पर सुधा सोई-सी अनमना जाती है...हेमन्त बाबू कहते हैं, "लिख रहा हूँ बाबा, हर चीज़ का एक प्रोग्रेसन होता है।" सुधा वैसी ही निश्चिंत सोई रहती है। हेमन्त बाबू आगे लिखते हैं–

"तुम यक़ीन नहीं करोगी। सुधा सो रही है लेकिन मेरा सब पढ़ रही है। मैं सोचता हूँ और उसका वो जवाब देती है। मैं तुम्हारी सरहद पर भटकता हूँ तो ये अपने सहरा में बुला लेती है। मैं तुम्हारी भँवर में फँसता हूँ तो वह अपने सागर में खींच लेती है। मैं तुम्हें चाहता हूँ..." हेमन्त बाबू आगे लिखना चाहते हैं, "और सुधा मुझे प्यार कर ले जाती है। कोई प्यार करने वालों से कब तक मुँह चुरा सकता है अनन्या? जबकि वो ख़ुद प्रेम में डूबा हुआ है? मैं सुधा से प्रेम करता हूँ।"

हेमन्त बाबू सुधा की बातों पर लाचार से दिखते हैं कि आख़िर वो कैसे अपनी बात कहे। सुधा उठ के बैठती है, "किसे यक़ीन दिला रहे हो? अरे वो भी लेखिका है। और तुम मानते हो कि तुमसे अच्छी लेखिका है।" हेमन्त बाबू पैग लेते हुए सुधा को कुछ पल तक देखते हैं। उनके देखने में एक सवाल है, "और तुम क्या हो?" सुधा लेटती हुई कहती है, "ये तो तुम जानते हो।" सुधा करवट बदलती हुई अपनी आँख बन्द करके रजाई अपने शरीर पर खींच लेती है।

हेमन्त बाबू लिखते हैं, "मैं एक ऐसा लत्तर हूँ, जिसने तुम दोनों से लिपट कर अपना विस्तार पाया है। सुधा का स्वीकार मेरे विस्तार का आधार बन के खड़ा है और तुम्हारा अस्वीकार मेरे विस्तार को एक संशय देता है। मैं तुमसे मिलकर इस संशय से मुक्त होना चाहता हूँ।"

इतना लिखने के बाद हेमन्त बाबू सुधा से कहते है, "आज तो पी लो आख़िर ये मेरे रिटायरमेंट के दिन की रात है।" सुधा कहती है, "अब तुम भी बन्द करो। दो पैग से ज़्यादा हो गया है।" हेमन्त बाबू पैग की आख़िरी घूँट लेते हैं।

हेमन्त बाबू मिलने की बात लिखकर सेंड का ऑप्शन क्लिक करते हैं

और पेट पर लैपटॉप रख के रिलेक्स का अनुभव करते हैं। उनकी आँखें बन्द होती हैं और नींद लग जाती है। सुबह आँख खुलते ही जब उनकी चेतना लौटती है तो हड़बड़ाए से अपना लैपटॉप देखना चाहते हैं। लैपटॉप बेड पर नहीं है। सुधा ने उठाकर टेबल पर रख दिया है।

हेमन्त बाबू जल्दी-जल्दी में लैपटॉप खोलते हैं और मेल चेक करते हैं। मेल में रिप्लाई देखकर उनकी हैरानी और ख़ुशी बढ़ती जाती है लेकिन कुछ ही पल में वो हैरानी एक स्थायी भाव में बदलने लगती है। उन्हें लगता है एक दिन तो ऐसा होना ही था। ठीक वैसे ही जैसे कल उनको रिटायर होना था और वो हो गए थे। वे सोचते हैं क्या लम्बी प्रतीक्षा भी एक स्थायी भाव में बदल जाती है? तभी सुधा हाथ में अखबार लिए आती है और कहती है, "अगर ऐसा भाव तुम्हारे मन में है तो तुम्हें नहीं जाना चाहिए।" हेमन्त बाबू चकित होकर सुधा को देखते है और पूछते हैं, "तुमने पढ़ा वो मेल, उसने कहाँ बुलाया है मिलने के लिए? मनाली के मेरे घर पे जहाँ पर मैं उससे आख़िरी बार मिला था..." सुधा कुछ बोलती नहीं खिड़की से परदे हटाती है और अखबार देखने लगती है।

हेमन्त बाबू चहकते हुए उठते हैं और सुधा से कहते हैं, "प्लीज तुम कुल्लू के लिए फ्लाइट देखो। एक महीने वो शिमला में रहेगी। चार दिन बाद तो वह आ ही रही है। एक दिन पहले चल चलेंगे। इसी बहाने घर-वर की थोड़ी सफाई भी कर लेंगे।" सुधा अखबार को किनारे रखती है, "तुम बहुवचन में क्यों बोल रहे हो? चलेंगे...। सफाई कर लेंगे।" हेमन्त हैरानी से देखते हैं, "क्यों तुम नहीं चलोगी?" सुधा अपनी हैरानी बढ़ाते हुए पूछती है, "मैं क्यों चलूँगी?"

हेमन्त बाबू के सामने यह सवाल कुछ इस तरह से आता है जिसका जवाब उनके पास नहीं है। वे पल भर के लिए रुकते हैं। उन्हें लगता है कि इस सवाल का सामना उन्होंने थोड़ी देर और किया तो वे हमेशा के लिए रुक जाएँगे। इसलिए वे सुधा के हाथ से अखबार लेकर उसको लैपटॉप देते हैं और कहते हैं, "अड़तीस सालों से चलती आई हो मेरे साथ तो अब किसलिए नहीं चलोगी? अगर अड़तीस सालों का कुछ भूल सुधार करना चाहती हो? ऐसा है तो मत चलो।"

सुधा कुछ कहने के बजाए अनन्या की मेल देख रही है। हेमन्त बाबू सुधा

की हामी जानना चाह रहे हैं, "सुधा प्लीज।" सुधा लैपटॉप पर एक ट्रेवल ट्रिप का नया पेज खोलती है और कहती हैं, "अच्छा तो यही होगा कि हम आज कल में ही निकलते हैं। तुम्हारा बर्थ डे इस बार वहीं मनाते हैं।" हेमन्त बाबू सुधा को चूमते हुए बाँहों में भर लेते हैं।

*   *   *

हेमन्त बाबू जैसे-जैसे मनाली की तरफ़ बढ़ रहे थे उनके अन्दर कुछ भीगता जा रहा था। उन्हें लग रहा था उनके जेहन का कोई स्रोत जो सूख गया था, उसमें से एक धारा फूट पड़ी हैं। वे खिड़की पर केहुनी जमाए पेड़ों, पहाड़ों और मनाली के रास्तों में जैसे घुलते ज़ा रहे हैं। उधर सुधा भी दूसरी खिड़की पर अपलक उन्हीं दृश्यों में डूबी हुई है। हेमन्त बाबू सुधा के और क़रीब जाते है और कहते हैं, "तुम क्यों इतनी ख़ुश हो? आख़िर वो तुम्हारी सौत भी तो हो सकती है?"

सुधा प्यार से हेमन्त बाबू को देखती है और कहती है , "अड़तीस सालों के इन्तज़ार के बाद अपने प्रेमी को मिलते हुए देखना दिलचस्प भी तो हो सकता है?" हेमन्त बाबू सुधा के कन्धे पर हाथ रखते हुए सामने की तरफ़ देखते हैं। उनकी पलकों पर आँसुओं का बोझ बढ़ने लगा है—"मुझे डर लग रहा है। इतना डर लग रहा है कि मैं चाहता हूँ तुम्हारे साथ लौट जाऊँ।" सुधा हेमन्त बाबू के हाथ पर अपना हाथ रखते हुए कहती है, "अगर उसका मिलने के लिए हाँ कह देना ही तुम्हारा हासिल था तो तुम लौट जाओ।" हेमन्त बाबू की आँखें भीग गई हैं। वो सुधा को अपने सीने से लगाते हुए उसके बालों में अपनी उँगलियाँ फँसा देते हैं।

*   *   *

हेमन्त बाबू मनाली के अपने घर में पुरानी पड़ चुकी चीज़ों को सहेज रहे हैं। किताबों को झाड़ रहे हैं और सूरज पहाड़ों के पीछे चला गया हैं। वे आलमारी खोलते हैं उसमें पुराने पड़ चुके काग़ज़ और पत्रों को देख रहे हैं। उनके चेहरे पर पुरानी बातों से जुड़ने का एक सिरा मिल गया है। उनके चेहरे पर छूट चुके को पाने की ख़ुशबू महक रही है।

पुरानी चीज़ों को उलटते पलटते अचानक उनके हाथ में एक पुरानी कहानी लगती है। उनकी चेहरे की ख़ुशी और महक उठती है। वे कहानी पढ़ना शुरू करते हैं तो थोड़े चकित होते हैं कि उन्होंने ये कहानी कब लिखी थी? वे कहानी के पन्ने को इधर-उधर पलट कर देखते हैं तो आख़िरी पन्ने पर उनके साइन के साथ तेईस मार्च उन्नीस सौ अठहत्तर लिखा हुआ था। अब उन्हें थोड़ी-थोड़ी कहानी याद आने लगती है। वे थोड़े और ख़ुश होते हुए सुधा से कहते है, "अरे देखो मेरी एक पुरानी कहानी मिल गई। पता नहीं मैंने इसे छपने के लिए क्यों नहीं दिया था। जबकि कहानी अच्छी लग रही है।" हेमन्त बाबू कहानी पढ़ते हुए पैग की तरफ़ बढ़ते हैं, "ओह गॉड! क्या इत्तफाक है! कहानी का नायक भी रिटायरमेंट के बाद अपनी प्रेमिका से मिलने जा रहा हैं।" सुधा कहती है, "इस संयोग पर तुम्हें हैरान होना चाहिए और तुम हँस रहे हो?"

हेमन्त बाबू सुधा की बातों पर अपनी हँसी को अपनी शारीरिक मुद्राओं में उलझा देते हैं और कहानी को हाथ में लिए जोकर की तरह वाइन की बोतल के पास जाते हैं और अपना पैग बनाते हुए हर बार की तरह सुधा से पूछते हैं, "तुम्हारे लिए भी बना दूँ? तुम्हारे लिए जो कल दिलचस्प हो सकता है। उसकी शुरुआत आज रात से ही हो जाएगी।" सुधा कुछ कहती नहीं मुस्कराती हुई हेमन्त को देखती है फिर लैपटॉप पर नज़र डाल देती है।

हेमन्त बाबू वाइन की घूँट लेते हुए कहानी पढ़ने में डूबने लगते हैं और बीच-बीच में कहानी का कोई कोई वाक्य पढ़कर सुधा को सुनाते हैं।

कहानी पढ़ते हुए हेमन्त बाबू के चेहरे पर हैरानी और ख़ुशी की मिश्रित रेखाएँ तैरने लगती है। वे सुधा से कहते है, "अब याद आ गया। यह कहानी मैंने अनन्या से ब्रेकप के ठीक बाद लिखी था और इसे भेजने की कोशिश भी की थी। एक मजेदार वाकया बताऊँ? अनन्या ने जिस बात पर मुझसे ब्रेकप लिया था उसे पचा पाना मेरे लिए मुश्किल हो रहा था। मैंने अनन्या को ख़ूब लम्बा-चौड़ा प्रेम और उलाहना से भरा एक पत्र लिखा। उसी समय मैंने यह कहानी पूरी की थी। तब कमलेश्वर शायद 'सारिका' या 'कथायात्रा' का सम्पादन कर रहे थे और ग़लती से मैंने पत्र कमलेश्वर को भेज दिया और कहानी अनन्या को। तुम समझ सकती हो तब मैं कितना उलझन में रहा होऊँगा। अनन्या का

कोई जवाब नहीं आना था, नहीं आया लेकिन कमलेश्वर ने चुटकी लेते हुए मुझे एक पत्र लिखा था। वो पत्र होगा मेरे पास। उस समय का सारा कुछ मैंने यहीं छोड़ रखा था।"

हेमन्त बाबू आलमारी में प्रेम-पत्र खोजने लगते हैं। पत्र मिलने के साथ वो पढ़ना शुरू करते है—"कहानियों के साथ सबसे बड़ी दिक़्क़त है कि वो भटकने के लिए अभिशप्त होती हैं और यही दिक़्क़त प्रेम के साथ भी होती है। लेकिन आपकी दिक़्क़त क्या है पार्टनर? आपकी जो भी, जैसी भी दिक़्क़त है उसके साथ मेरी पूरी सहानुभूति है। लेकिन प्रेम-पत्रों को प्रकाशित करने की मेरी कोई योजना नहीं है। भविष्य में मैं ऐसी किसी योजना में शामिल होऊँगा तो मैं आपको ज़रूर इत्तला करूँगा। मेरी शुभकामना है कि तब तक आप अपनी इस ज़रूरी दिक़्क़त से भी निकल गए होंगे।"

हेमन्त बाबू पत्र पढ़ के चहक से जाते हैं, "तब मैं कितनी ग्लानि अफसोस या न जाने क्या-क्या से गुज़रा होऊँगा! अभी यह वाकया मजेदार लग रहा है। वक़्त कैसे हमारे देखने को बदल देता हैं।" सुधा उन्हें प्यार से देखती हैं और कहती है, "फिर भी वाकया वैसा ही रहता है...उतना ही ठोस, उतना ही आर्द्र। बस उस वाकये से वक़्त का कोई सिरा जुड़ जाता है। और हम उस सिरे के संग हो लेते हैं।" हेमन्त बाबू सुधा से कहते हैं, "जैसे तुम जुड़ गई हो मुझसे... अरे अड़तीस सालों से कह रहा हूँ। आज तो पी लो। आज मैं बहुत ख़ुश हूँ।" सुधा अपना ध्यान फिर लैपटॉप पर लगा देती है।

हेमन्त बाबू फिर से कहानी में डूबने लगते हैं और इस बार का डूबना जैसे उनके अन्दर एक भय सृजित करने लगता है। सुधा गर्मी बढ़ाने के लिए एक और लाइट जला देती है। लेकिन कहानी का अँधेरा उन्हें कहीं और खींच लेना चाह रहा है। वे और रोशनी की ताक में खिड़की के पास आ जाते है कि बाहर खड़े लैम्प पोस्ट की रोशनी भी वो पा सकें। उनके अन्दर घबराहट की एक भँवर उठती है। वे सुधा से कुछ कहना चाह रहे हैं। लेकिन कह नहीं पाते। वे सुधा को देखते है। वह अभी भी लैपटॉप को देख रही है। तब सुधा कहती है, "कहीं ऐसा तो नहीं कि कहानी में उस नायक के साथ उसकी पत्नी भी साथ जाती है?"

हेमन्त बाबू के चेहरे पर तनाव की छाया मँडराने लगी है। वे सुधा को हैरानी से देखते हुए पूछते हैं, "इस बात पर तुम्हें हैरान होना चाहिए और तुम हँस रही हो।" सुधा कुछ कहती नहीं। अपने गाल पर हाथ रख कर लैपटॉप पर कुछ देख रही है और मुस्करा रही है। हेमन्त बाबू को सुधा एक रहस्यमय स्त्री की तरह दिखती है। उनके अन्दर से एक उबाल आता है कि वे पूछें कि सुधा तुम कौन हो लेकिन उन्हें लगा कि यह सवाल ऐसा है जिसके निकल जाने के बाद वे ख़ुद अपने ही बाण से बिंध जाएँगे। वे कहानी का क्लाइमेक्स जानने के लिए जल्दी से पेज पलटते हैं लेकिन रुक जाते है। शायद उन्हें क्लाइमेक्स याद आ गया है और वो कहानी के नायक की तरह मृत्यु के नज़दीक जा रहे हैं।

हेमन्त बाबू जैसे जैसे क्लाइमेक्स की तरफ़ बढ़ते हैं उनका मृत्यु भय बढ़ने लगता है। वे बाहर देखते हैं तो उनकी हैरानी डर में बदलकर दावानल का रूप ले लेती है और उनकी तरफ़ लपकती है। ठीक वैसी ही रात होती जा रही है जैसे उनकी एक कहानी का नायक अपने इकसठवें साल के बर्थ डे पर मरता है जिसके अगले दिन उसकी पूर्व प्रेमिका उससे मिलने आनेवाली होती है। वैसी ही रात। बाहर बर्फ़ गिर रही है और नायक अपने घर की खिड़की के पास हाथ में पैग लिए अपनी प्रेमिका का इन्तज़ार कर रहा है और उसकी पत्नी उस बेड पर बैठी अपना पैग पी रही है जिस बेड पर वे अपनी प्रेमिका से पहली बार हमसाया हुए थे।

हेमन्त बाबू इस बात से रिलेक्स महसूस करते हैं कि उनकी पत्नी सुधा तो पैग नहीं पी रही हैं। और यह अन्तर कहानी के एलिमेंट और उनकी आज की तारीख़ के एलिमेंट में ऐसे भेद कर रहा है जिससे उनकी मृत्यु की सम्भावना खारिज होती है। इस बात से उनके अन्दर मृत्यु के भय से मुक्ति का अहसास जागता है। वे एक लम्बी साँस लेकर कहानी में लिखी गई बातों को एक मुस्कराहट के साथ झटकते हैं कि अब तक वह किस फालतू के संयोग और दुर्योग में फँसे हुए थे। वे अपना पैग बनाने के लिए जैसे ही पलटते है तो देखते है कि सुधा हाथ में पैग लिए उन्हें चियर्स करती हुई कहती है, "चियर्स फॉर योर लविंग रिक्वेस्ट टू टेकिंग पैग एंड ऑवर एट्टीन इयर्स लव।" हेमन्त बाबू चीख़ते है, "तुम्हें पता है यह लाइन इस स्टोरी के कैरेक्टर का है।" सुधा अपनी

मुस्कराहट से खेलते हुए आँखी चौड़ी करके ऐसे देखती है मानो पूछ रही हो कि अच्छा तो ये बात है?"

सुधा के चेहरे पर एक निश्छल मुस्कान है। वह जैसे ही पैग अन्दर गटकती है हेमन्त बाबू को लगता है कि उनकी साँसें बाहर आ जाएँगी। वे सुधा की तरफ़ ऐसा न करने के लिए भागने को होते हैं तो उन्हें लगता है कि बाहर की बर्फ़बारी उनकी शिराओं और धमनियों में गिर रही हैं और उन्हें जमा रही है। सुधा दूसरा पैग लेती है और पूरा पैग एक साथ में गटकना चाह रही है। हेमन्त बाबू जैसे ही उसके पैग को उससे दूर फेंकने के लिए हाथ बढ़ाते है उनका हाथ रुक जाता है।

हेमन्त बाबू अपनी घबराहट की हद को पार कर चुके हैं। वे ज़िन्दगी की भीख माँगते हुए एक याचक की तरह कहते हैं, "तुमने क्यों पी लिया आज? तुम तो मेरी सोच को पढ़ सकती हो सुधा। आज मेरे भय को क्यों नहीं देख पा रही हो? तुम समझने की कोशिश करो। ठीक वैसा ही इस कहानी में हुआ है जैसा आज मेरे साथ हो रहा है। इस कहानी के नायक की तरह अब मैं मर जाऊँगा। प्लीज...पढ़ो तुम इस कहानी को।" हेमन्त बाबू सुधा की तरफ़ कहानी फेंक देते हैं।

सुधा पहली बार शराब पीने के झटके में आ चुकी है। उसे ये सब कुछ एक रोचक विवरण जैसा लग रहा है। उसके चेहरे पर नशे की हल्की चिकनी उत्तेजना दिख रही है। वो मुस्कराती हुई पूछती है, "अपने प्रेमिका से मिलने के पहले ऐसी घबराहट ऐसा उन्माद ठीक नहीं है माइ लव।" हेमन्त बाबू घबराते हुए कहते हैं, "जानती हो मैंने तुम्हारे हाथ से ये पैग क्यों नहीं छीना क्योंकि इस कहानी का नायक ऐसा नहीं करता है। वो अपनी पत्नी के पैग को हाथ से झटक देता है जैसे किसी के शर्ट पर कोई कीड़ा या कुछ गिरता है तो उसे झटक देता है। उसका पैग गिर जाता है और गिलास टूट जाता है।"

हेमन्त बाबू अपनी बेचैनी को थामते हुए कहते हैं, "सुधा तुम समझने की कोशिश करो...कहानी ही सच होती है। इसलिए मैं इस कहानी में घट चुकी घटनाओं को बदल देना चाहता हूँ। नहीं तो मैं मर जाऊँगा। प्लीज सुधा, तुम ही बचा सकती हो मुझे। जैसे आज तक तुमने मुझे बचाया है...प्लीज...तुम इस

कहानी को पढ़ो और ठीक उस नायक की पत्नी से उलट व्यवहार करो। बदलो इस कहानी के कंटेंट को और मुझे बचा लो।"

सुधा पैग को मुँह में लिए हेमन्त को ऐसे देखती है और कहती है, "तुम्हारी दिक़्क़त क्या है पार्टनर?" हेमन्त सुधा की इस बात पर काँप जाते हैं। सुधा कहती है, "अब ये मत कहना कि यह लाइन भी तुम्हारी कहानी में है। क्योंकि यह लाइन कहानी की नहीं कमलेश्वर के पत्र की है। आइ एम राइट माई गोल्ड लव?" इतना कह के सुधा अपने वाइन ग्लास को पलटकर झुलाने लगती है और आँख दबाकर कहती है, "प्लीज एक और बना दो।"

हेमन्त बाबू को लगता है कि वो दम तोड़ने और दम बचाने के दो पाटों के बीच पिस रहे हैं। उनको ख़ुद पर कई बातों को लेकर ग़ुस्सा आ रहा है। वे बड़बड़ाते हैं क्या ज़रूरत थी रूम की सफाई करने की? क्या ज़रूरत थी अपने किरदार को इकसठ साल की उम्र में मारने की? पल भर में उन्हें लगा कि उनकी धड़कनें उनके सीने को फाड़ते हुए बाहर आ जाएँगी।

हेमन्त बाबू उफान मारती धड़कनों को शान्त करना चाह रहे हैं और उधर सुधा नशे की लहरों पर उछलने लगी है। हेमन्त बाबू को लगता है कि कोई आख़िरी साँस है जिसे वो अपनी पूरी ताक़त के साथ बचाने की कोशिश कर रहे हैं। इस कोशिश में वो डर जाते है कि साँस बचाने के क्रम में साँस दम न तोड़ दे। इस आशंका में वे अपनी बचाई हुई आख़िरी साँस में से एक छोटा टुकड़ा छोड़ते हैं। टुकड़ा छोड़ते हुए उम्मीद में रहते हैं कि एक साँस उधर से और आएगी। लेकिन टुकड़ा छोड़ने के बाद वे इस बात से इतने घबरा जाते हैं कि कहीं उधर से एक साँस नहीं आई तो? इस घबराहट में वो अपने छोड़े हुए टुकड़े को फिर पकड़ लेते हैं और उसे दबाकर तब तक रखते हैं जब तक उन्हें लग नहीं जाता कि साँस बचाने के क्रम में वे कामयाब हो गए है।

अचानक हेमन्त बाबू चीख़ते है, "मैं कहानी का लेखक हूँ। मैं इसकी तारीख़ बदल सकता हूँ। उसके किरदार की उम्र को बदल सकता हूँ। इस लिहाज़ से इकसठ की उम्र बढ़कर और आगे खिसक सकती है। और मैं मरने से बच सकता हूँ।" वे सुधा के पास जाते हैं और उसे समझाते हुए कहते है, "कहानी में नायक रात के एक बजे मरता है और अभी बारह बजने में चार घंटे

बाक़ी हैं। मैं तीन घंटे में पूरी कहानी बदल दूँगा।" सुधा अपना अँगूठा दिखाकर 'ऑल द बेस्ट' कहती है।

हेमन्त बाबू पेज लेकर कहानी को लिखने लगते है। उन्हें लगता है कि बर्फ़ और ज़्यादा गिर रही है। सुधा उनके पास आकर कहती है कि क्या-क्या बदला तुमने कहानी में? हेमन्त बाबू एक उत्साह के साथ कहते है कि अगर मैं कहानी में एक साल के अन्दर चौबीस महीने कर दूँ तो? सुधा कुछ कहे इससे पहले कहते है कि ऐसा ही करना होगा।

हेमन्त बाबू ख़ुश हैं कि वे तारीख़ बदल रहे है। इस बार वे पानी पीते है। उन्हें लगता है कि साल को चौबीस करना ज़्यादा हो रहा है। वे बीस करते हैं। बीस करने के बाद जब सब चेंज करते है तो उन्हें लगता है कि ज़्यादा हो रहा है। वे पन्द्रह करते है। वे सुधा से पूछते है बर्फ़बारी कुछ कम हुई है? सुधा मुँह बना देती है।

हेमन्त बाबू घड़ी को देखते है और कहते है अभी एक घंटा ही बीता है। और मैं अच्छा फील कर रहा हूँ। मैं अभी जिन साँसों के टुकड़े को छोड़ पकड़ रहा था इस एक घंटे में कुछ कम हुआ है। और मैं एक बार फिर कह सकता हूँ। चीख़-चीख के कह सकता हूँ कि रचना ही बचना है। इन्फ़ैक्ट अब मुझे इतना अच्छा लग रहा है कि जी कर रहा है कि सिर्फ़ एक फ़रवरी के अट्ठाईस को उन्तीस कर देता हूँ। अगर एक दिन बच गया और उसको गिल लिया तो मैं हमेशा के लिए बच जाऊँगा। ये मैं जानता हूँ।" सुधा फिर अँगूठा दिखाकर ऑल द बेस्ट कहती है।

हेमन्त बाबू लगातार लिखते जा रहे हैं। सुधा कहती है कुछ खा लेते है। तभी घड़ी का घंटा बजता है। अब रात के ग्यारह बज गए हैं। हेमन्त व्यास का गला सूख जाता है और लगता है कि बचाई हुई साँसें निकल रही है। वे हाँफते हुए कहानी को देखते हैं। कहानी पर देखने से उसके प्रकाश से उनकी आँखें चौंधियाती है और अचानक उनके अन्दर कुछ टूटता है। वे सुधा से कहते हैं, "कि जिन तारीख़ों में उनका किरदार मरा था और अगले दिन उसकी प्रेमिका उसके पास फूलों का गुच्छा लेकर आती है। अगर तारीख़ को बदल दिया तो क्या वह अगले दिन मिलने आएगी? एक तारीख़ बदलती है तो तारीख़ की

अनगिनत शाखें एक साथ बदल सकती हैं। क्या वह बदलती तारीख़ के साथ आएगी?" सुधा हँसकर कहती है, "आएगी ज़रूर आएगी। तुम्हारे अड़तीस साल का इन्तज़ार जाए नहीं होगा। माई गोल्ड लव।"

हेमन्त बाबू पेज पर कलम को छोड़ देते हैं। मानो उन्होंने अपनी ज़िन्दगी को छोड़ दिया हैं। वे सुधा को एक गहरे भाव से देखते हैं जैसे सुधा ही उनका हासिल है। लेकिन वे जानते है अनन्या के सच को। अपनी ज़िन्दगी में उसकी उपस्थिति को। इसलिए सुधा से अपना संशय ज़ाहिर करते है, "अगर तारीख़ बदल दिया तो हो सकता है कि मेरे मरने के बाद भी वह मुझसे मिलने नहीं आए। जैसे कहानी में उसकी प्रेमिका अगले दिन बुके लेकर मिलने आती है।" सुधा कहती है, "फिर भी मैं तुम्हारे पास रहूँगी।"

सुधा के चेहरे पर अभी भी एक निश्चल मुस्कान है और वाइन का नशा उसकी मुस्कान में एक चमक भर रहा है। लेकिन हेमन्त बाबू को सुधा किसी काली छाया में बदलती हुई दिखने लगती है। वे ग़ुस्से में सुधा के पैग को अपने हाथ से मार देते हैं। पैग सुधा के हाथ छूटकर गिरता है और टूट जाता है। अपनी इस हरकत से वे और डर जाते है। डर के मारे सुधा के पास से अपना क़दम पीछे खींचने लगते हैं। और जाकर दीवार के सहारे अपने को टिका लेते हैं।

सुधा यह देखकर घबरा जाती है, "क्या हुआ? हेमन्त बाबू कुछ नहीं बोलते। उन्हें लगता है कि उनके शरीर का सारा ख़ून पानी बन गया है। वे ख़ुद को खड़ा नहीं कर पा रहे हैं। वे पास में पड़ी कुर्सी पर जाकर धम्म से बैठ जाते हैं। सुधा ये देखकर उठती है लेकिन लड़खड़ाकर गिरने-गिरने को होती है। ख़ुद को सँभालती हुई हेमन्त के पास आती है और पूछती है, "क्या हुआ...? अनकम्फर्टेबल फील कर रहे हो...हॉस्पिटल ले चलूँ?" हेमन्त उसे देखते हैं और कहते हैं, "ये तुम नहीं, कहानी के नायक की पत्नी पूछ रही है।"

अब सुधा को भी डर लगने लगता है लेकिन उसके लिए यह यक़ीन करना कठिन है कि ये सारा कुछ कहानी में घटी हुई घटनाएँ हैं। वो हेमन्त से फिर हॉस्पिटल चलने की बात करती है तो हेमन्त अपनी उबाल को दबाते हुए कहते है, "तुम फिर कहानी की बात कर रही हो।" सुधा अब एकदम डर जाती है और हेमन्त से नज़र हटाकर पड़ी हुई कहानी को देखती है। कहानी के पन्ने

हल्के हल्के हिल रहे हैं।

सुधा धीरे-धीरे कहानी की तरफ़ बढ़ती है और कहानी पढ़ने लगती है। कहानी पढ़कर ख़त्म करने के बाद कहती है, "तुम बिना मतलब डर रहे हो। यह महज एक संयोग है कि एक आदमी रिटायरमेंट के बाद अपनी पत्नी के साथ अपनी पूर्व प्रेमिका से मिलने जाता है और मिलने के एक दिन पहले उसकी प्रेमिका का तार आता है कि वो ज़रूरी काम से दिल्ली जा रही है और वो इस बात को बर्दाश्त नहीं कर पाता और मर जाता है। अरे इस जमाने में तार कहाँ से आएगा। आपकी अनन्या अभी भी तार भेजती है?

सुधा की बातें सुनकर हेमन्त बाबू थोड़े रिलेक्स होते है लेकिन उनके मन में अभी भी डर बचा हुआ है। वे उस डर को निकालने के लिए कहानी की और साम्यताओं को भी ख़ारिज करने की लालसा से कहते हैं, "लेकिन कहानी में अड़तीस सालों का जो कोइंसिडेंस है। उसका क्या? तुम तो जानती हो उन्नीस सौ अठहत्तर को मेरा ब्रेकअप हुआ था। उस लिहाज़ से अड़तीस साल का मेरा भी इन्तज़ार है। सुधा हँसती हुई कहती है, "तुम तो सन अठहत्तर से ऐसे डर रहे हो जैसे कि सन पचहत्तर हो...और तुम फ़िक्शन लेखक हो। और वो एक नृतत्वशास्त्री था...वो मिट चुकी सभ्यताओं और आदिवासियों पर लिखता था। वो प्रोफ़ेसर था तुम पत्रकार। सुधा हेमन्त को और रिलेक्स करते हुए कहती है, "पहली बार पीने की खुमारी को तुमने क्या मज़ा चखाया मुझे। मैं एकदम से डर गई थी।"

सुधा अपने और हेमन्त के लिए पैग बनाती है। दोनों चियर्स करके फिर पीते हैं। तभी दूर से सायरन की आवाज़ सुनाई पड़ती है। सुधा ध्यान नहीं देती लेकिन सायरन की आवाज़ पर हेमन्त बाबू अपना कान टिका देते हैं। उनका डर फिर से बढ़ जाता है। वे घबराते हुए कहते हैं, "सुन रही हो ये आवाज़? कहानी का नायक अपनी पत्नी से पूछता है कि ये पुलिस के सायरन की आवाज़ है या एम्बुलेंस की? और मैं भी तुमसे यही पूछ रहा हूँ?"

सायरन की आवाज़ सुनकर सुधा डर जाती है। उसे समझ में नहीं आता कि वह क्या कहे। दोनों के बीच एक चुप्पी सी छा जाती है। बाहर बर्फ़ का गिरना और तेज़ हो जाता है। कमरे के अन्दर एक बर्फ़ीली हवा का झोंका आता

हैं और दोनों को एक झटका देते हुए कँपा जाता है। हेमन्त बाबू खिड़की बन्द करते हैं और सुधा को चादर देते हैं। फिर पूरे पैग को एक घूँट में उड़ेल देते हैं। बर्फ़ शीशे की खिड़की पर जमने लगती है।

अब सुधा का डर बढ़ता जाता है। वह एक झटके में उठती है और कहती है कि चलो यहाँ से चलते हैं। मैं सामान पैक करती हूँ। किसी होटल में ठहर जाएँगे। वो जल्दी-जल्दी में सामान पैक करने लगती है। तुम केयर टेकर को फ़ोन करो। वो जैसे ही फ़ोन हेमन्त को देने के लिए उठाती है तो फ़ोन बज उठता है। फ़ोन की स्क्रीन पर अनन्या का नाम ब्लिन्क करने लगता है। हेमन्त पूछते हैं किसका फ़ोन है? सुधा कुछ कहती नहीं, हेमन्त को एक भय से देखती है। हेमन्त समझ जाते है कि किसका फ़ोन है। उनके चेहरे पर कहानी के सच को स्वीकार करने का भाव आता है।

हेमन्त बाबू आराम से कुर्सी पर बैठ जाते है और सिगरेट जलाते है। सुधा कहती है, "अब यहाँ रुकना ठीक नहीं है। कहानी में नायक अपने पैतृक घर में अपनी प्रेमिका का इन्तज़ार करता है और मरता है। हम इस घर को छोड़ देंगे।" हेमन्त अपनी लाचार हँसी को खोलते हुए कहते हैं, "लेकिन कहानी में नायक की पत्नी घर छोड़ने की बात करती है।"

सुधा का डर बदहवासी में बदलने लगता है। वो काँपते और घबराते हुए सामान को उठाने लगती है ताकि हेमन्त जाने के लिए तैयार हो सके। लेकिन हेमन्त बाबू उसे रिलेक्स करने की कोशिश करते हैं, "काल से कहाँ तक भागा जा सकता है माई गोल्ड लव?" वो सिगरेट पीते हुए दरवाज़ा और खिड़की खोल देते हैं और बाहर की तरफ़ देखते हैं। बाहर बिल्कुल शान्ति है। बर्फ़ के बीच लैम्प पोस्ट अपनी आँच लिए जूझता हुआ मालूम पड़ता है।

सुधा हेमन्त के पास आती है और कहती है प्लीज चलो यहाँ से। हेमन्त पैग बनाते हैं और कहते है कि तुम क्यों डर रही हो? मरना तो मुझे है? सुधा की आँखें भर आती हैं लेकिन उसके अन्दर ग़ुस्से की लहर उठती है, "मैं सच कह रही हूँ। अगर ऐसा कुछ हुआ तो सिर्फ़ तुम नहीं मरोगे। मैं भी मार लूँगी ख़ुद को। मैं किसी भी हाल में इस कहानी को सच नहीं होने दूँगी। तुम चलो यहाँ से। प्लीज"।

हेमन्त सुधा के हाथ को अपने हाथों में लेते हुए कहते हैं, "यही तो मैं कहना चाह रहा हूँ...।" हेमन्त अभी इतना कहते हैं कि तभी फ़ोन पर एक मैसेज आता है। हेमन्त मानो अपनी मृत्यु को स्वीकार कर चुके हैं। वे कहते है, "शायद ये उसका तार है।" वे मैसेज पढ़ने के लिए फ़ोन उठाते है तो सुधा उनका हाथ पकड़ लेती है।

हेमन्त बाबू सुधा को प्यार से देखते है और उसके हाथ को पकड़कर बेड पर बिठाते है। फिर सुधा के लिए भी पैग बनाते हुए कहते हैं, "जब पल-पल मौत क़रीब आती हुई दिखाई दे तो पल-पल ज़िन्दगी की बात करनी चाहिए। तुम जानती हो ये अनन्या की सबसे कम चर्चित कहानी की लाइन है।" सुधा एक लम्बी साँस लेते हुए अपनी आँखें बन्द करने की कोशिश करती है तो हेमन्त बाबू उसके कन्धे को दबाते हुए कहते हैं, "और मैंने इस कहानी का क्लाइमेक्स पहले ये नहीं रखा था। पहले क्लाइमेक्स में जब नायक उसका पैग फेंकता है तो दोनों के बीच झगड़ा शुरू होता है और आख़िर में उसकी पत्नी उसे मार देती है।" सुधा हेमन्त को और कस के पकड़ लेती है। हेमन्त सुधा के हाथ पर अपना हाथ रखते हुए कहते हैं, "लेकिन तुम मेरे साथ हो और इससे ख़ूबसूरत कुछ नहीं हो सकता।"

हेमन्त बाबू सुधा के हाथों में अपना हाथ लेते है और डांस करते हैं। डांस करते हुए अपनी टोपी उठा कर सर पे लगा लेते है। दोनों ख़ुश होने की कोशिश करते हैं और नृत्य उनकी कोशिशों को अपने में डुबोने लगता है। वे नाचते-नाचते थकन के छोर पर पहुँचकर भी अपना नाचना नहीं रोकते। सुधा घड़ी की तरफ़ देखती है तो हेमन्त उसका चेहरा घुमाकर अपनी तरफ़ कर लेते हैं।

हेमन्त बाबू अपना बर्थ डे केक काटते हैं और सुधा को खिलाते हैं फिर दोनों नाचने लगते हैं। घड़ी में कभी भी एक बजे का घंटा बज सकता है। दोनों एक दूसरे को आख़िरी बार देखने के भाव से देखते हैं। घड़ी की सुई एक बजाने को होती है। जैसे ही घड़ी का घंटा बजता है दूसरी तरफ़ दरवाज़े पर दस्तक होती है। इस दस्तक पर सुधा अपनी आँखें बन्द करके हेमन्त बाबू को पूरी ताक़त से पकड़ लेती है लेकिन हेमन्त बाबू दरवाज़े की तरफ़ देखते हैं।

दरवाज़े पर खड़ी अनन्या के चेहरे पर दम तोड़ती हैरानी है। ठीक यही

हैरानी सुधा के पास भी है। हैरानी अपनी दायरा बढ़ाए इससे पहले अनन्या का ड्राइवर पूछता है, "गाड़ी कहाँ पार्क करूँ?" अनन्या ड्राइवर से कुछ कहे बिना अन्दर की तरफ़ बढ़ती है। तेज़ बर्फ़ीली हवा से बिस्तर पर फड़फड़ाते हुए कहानी के पन्ने एक जादुई शक्ति की तरह अनन्या को अपनी तरफ़ खींचते हैं। कमरे में भय का दबाव इतना भरा हुआ था कि उसकी शान्ति अभी भी भय से भरी हुई लगती है और सुधा इस भय के नीचे छटपटाती हुई हेमन्त से उस कहानी के दूसरे क्लाइमेक्स के बारे में इशारा करना चाहती है जिसमें नायक की पत्नी नायक को मार देती है। लेकिन कहानी अब अनन्या के हाथ में है।

अनन्या के चेहरे पर मुस्कान की एक छवि कौंधती है। वह उस छवि को जज्ब करने की कोशिश में होती है कि उसे लगता है कि उसकी मुस्कान बारिश की तरह बरस जाएगी। वो सोच रही है कि इस बारिश को बरसने दिया जाए या नहीं तभी कमरे में एक दबी हुई चीख़ से लिपटी एक कराह उठती है। अनन्या की बारिश फटे हुए सफ़ेद बादल की तरह बिखर जाती है। हेमन्त बाबू दीवार के सहारे ख़ुद को सँभालने की कोशिश करते हैं लेकिन उनके शरीर से निकला हुआ ख़ून उनके पैरों के नीचे आ जाता है और वो फिसलकर गिर जाते हैं। अनन्या ख़ून से लिथड़े हेमन्त को देखती है उसकी आँखें फैलती जा रही है। सुधा चाकू फेंकते हुए निर्लिप्त भाव से कहती है, "अनन्या तुम्हें समय से पहले नहीं आना चाहिए था। तुम यक़ीन नहीं करोगी लेकिन सच यही है कि मैं इस तारीख़ से बिल्कुल अनजान थी। तुम्हारे हाथ से ना सही मेरे हाथ से ही, यह तो होना ही था।" अनन्या की फैली हुई आँखें एक चमत्कार की तरह चमकती हैं। उसकी फैली हुई आँखों के नीचे मुस्कान की एक छवि और कौंधती है। उसकी बारिश के बादल जो विखर गए थे फिर से जुड़ने लगते हैं। वह इस बारिश को बरसने दे रही है। कमरा जो अब तक एक भय से घिरा हुआ था, वहाँ अब दो हँसी गूँज रही हैं। बाहर की बर्फ़बारी कम होती जा रही है लेकिन कमरे की हँसी बढ़ती जा रही है।

ठीक बीच में नदी आ गई

आर.के. तुम्हारे क़दम चलने के लिए नहीं उड़ने और तैरने के लिए ही बने हैं।

क़रीब चालीस साल पहले आर.के. से यह बात उससे अजीज हो रही एक लड़की ने कहा था। आर.के. के लिए यह एक अभीष्ट वाक्य भर नहीं था। उसने ख़ूब उड़ान भरी थी अपनी ज़िन्दगी में। एक ड्राइवर की ज़िन्दगी को पार करके आर के इंडस्ट्रीज के मालिक तक पहुँच जाने में उसके उड़ान और तैराकी की मिसाल दी जाने लगी थी। लेकिन आज अभी वो अपने बनवाए हुए स्विमिंग पुल में तैरने के लिए जा रहा है और उसे लग रहा है कि वह उड़ते हुए आया है तैरने के लिए। यह तैरना उसकी ख़ुशी से बढ़कर उसका हासिल था।

हासिल की ख़ुशी में सराबोर इनसान कैसा होता होगा? जब किसी को हासिल की ख़ुशियाँ लगती होगीं तो वह क्या करता होगा? अगर वो कहीं अपना पहला क़दम रख रहा होगा तो क्या क़दम रखते रखते ही हवाओं में फैल जाता होगा और तीसरे क़दम पर फिर अपनी जगह पर आ जाता होगा? या वहीं खड़े-खड़े नाच जाता होगा? शायद उसको लगता होगा कि वो ख़ुद को गुदगुदा रहा है या उसके अन्दर कोई चीज़ है जो उसे गुदगुदा रही है? उसकी गिरहें खोल रही है? उसे भयमुक्त ख़ुशियाँ दे रही है? एक नशे में उतार रही है? लेकिन आर.के. अभी अपने हासिल में उतर रहा है और वो भी बिना किसी यत्न के। इस महसूसियत से एक शोर उठता है उसके आसपास—"आर.के.

तुम्हारे क़दम चलने के लिए नहीं उड़ने और तैरने के लिए ही बने हैं।" इस शोर को सुनते ही उसके क़दमों के नीचे की धरती जिसे संगमरमर के कपड़े पहना दिए गए थे और मुलायम हो जाती है।

ड्राइवर कुछ कहना चाह रहा है लेकिन स्विमिंग पुल की ओर क़दम बढ़ा रहे आर.के. को लगता है कि उसकी मुलायम धरती पर कोई और अपना पैर रगड़ रहा है। वह एक इशारे से पलटने को होता हैं तो ड्राइवर थोड़ा संकोच से कहता है—"मैडम ने आपके टेस्ट के लिए अप्वाइंटमेंट लिया हैं। आठ बजे तक डॉक्टर आएँगे। आपको याद दिलाने के लिए कहा था मैडम ने।" आर.के. अभी अपनी धरती पर एक तिनके का भार तक सहन नहीं करना चाहता—"मुझे याद था। याद है...उनसे बोल देना कि आज का कैंसिल कर दें।" ड्राइवर कुछ कहना चाहता है लेकिन वो कहने से ज़्यादा अपने बॉस के इशारे को जानता है। इसलिए वह गाड़ी लेकर चला जाता है।

आर.के. अपने इस नए बंगले में अपने परिवार के साथ एक महीने पहले शिफ्ट हुआ था। इसमें स्विमिंग पुल, क्लब, थियेटर, पार्क, गार्डन सहित कई प्राकृतिक सुखों को औकात दिखाती सुविधाएँ थीं लेकिन अपने अति व्यस्त शेड्यूल की वजह से वो इस स्विमिंग पुल में अभी तक तैर नहीं पाया था।

आर.के. स्विमिंग पुल को देखता है तो उसकी आँखों में स्विमिंग पुल तैरता है। वह स्विमिंग पुल के किनारे खड़े होकर आँखें बन्द करता है और कुछ महसूस करना चाहता है। लेकिन उसके चेहरे पर सब कुछ हासिल करने के दर्प से भरा एक गर्व है। और यह गर्व होता ही इतना भारी है कि उसके नीचे गरदन को तान देने के सिवा कुछ महसूस ही नहीं हो पाता। वह धीरे-धीरे अपनी बाँहें खोलता है। उसके बैकग्राउंड से जीत का शोर फैलने लगता है जिसमें अब तक की उसकी बीत चुकी ज़िन्दगी की ध्वनियाँ, हासिल की हुई ध्वनियों के शोर में दबी हुई घिसट रही हैं। इसलिए उसे अपनी बीत चुकी ज़िन्दगी का नहीं, हासिल की हुई ध्वनियों का शोर सुनाई दे रहा है और उसे यही भा रहा है। उसे ऐसा लगता है कि वे ध्वनियाँ कहीं-कहीं से आकर उसमें समा जा रही हैं।

वह धीरे-धीरे अपनी आँखें खोलते हुए स्विमिंग पुल के पानी को अपने हाथ में लेता है मानो गंगाजल ले रहा हो। वह उसे गंगाजल की तरह महसूस

करे तभी स्विमिंग पुल रोशनियों से नहा उठता है और उसके जल की सतह पर रोशनियों से एक घड़ी बनती है और उस पर सिक्स पी एम शो होता है। वह उस जल को अपने चेहरे पर डालता है लेकिन उसका चेहरा जल से नहीं रोशनियों से भीग जाता है। उसकी आँखें बन्द हैं और वे उस जल को एक दिव्य वरदान की तरह महसूस करना चाहता है। लेकिन उसके होंठों पर अब तक की ख़ुशियों से फूटती एक मुस्कान की जगह एक कनिंग स्माइल छूटती है। और वह अपनी इस तैरने की चाह को थोड़ा टाल देना चाहता है।

वह शायद अपने इस हासिल को जज्ब करना चाह रहा हो ताकि अपने चालीस-पैंतालीस सालों के इन्तज़ार और संघर्ष को एक बार महसूस कर सकें। उसके अन्दर एक शिकारी भाव भी कुलबुलाता है। जैसे शिकार जब हाथ में आ जाता है और उसके भागने की सम्भावना एकदम न्यून हो जाती है तो उसे इस भाव से छोड़ दिया जाता है कि अब जाएगा कहाँ। कुछ वैसे ही आर.के. अपने स्विमिंग पुल के साथ कर रहा है कि अब ये कहाँ जाएगा। ये तो अब उसका ही है। इसलिए अब वह उसके किनारे पर कभी ऊकड़ूँ, कभी पालथी मार के तो कभी घुटनों के बल बैठता और उठता तो टहलते हुए उससे बातें करता मानों यह स्विमिंग पुल उसके हाथों में आई एक जादू की छड़ी है जिससे वह सबकुछ दिखा सकता है।

लेकिन ख़ुशियों की अपनी बेचैनी होती है और वो जितनी मारक होती है उतनी ही मोहक भी। इसी बेचैनी में वह ख़ुद को एक तसव्वुर में देर तक यूँ ही बैठे रहने की फिलॉसफी को देखता है लेकिन हक़ीक़त में वह अपने तसव्वुर की तमाम आदतों से तौबा कर चुका है। इसलिए देर तक यूँ ही बैठना उसे कुछ अखरने जैसा लगा। वह तुरन्त अपने पैरों को जूते मोजे के साथ पानी में डालता है। पानी में हलचल से ज़्यादा तरंगें उठती हैं।

वे तरंगें ही थी लेकिन वह उन तरंगों को अपने हाथों में छपी हुई लकीरों की तरह देखता है जो उसकी हथेलियों से फूटकर पानी में अपना आकार गढ़ रही हैं। उन आकृतियों को देखते हुए उसका चेहरा अचानक से कठोर होता है और फिर धीरे-धीरे अठारह साल के युवा में बदल जाता है।

एक सुगठित गँवई शरीर और उस पर आसमानी रंग का ड्रेस उस दिन उस

पर ख़ूब फब रहा था। फबने वाली बात प्रोपर्टी बिल्डर के उभरते हुए बादशाह सर एच. चन्दानी की सेक्रेटरी सरला सेठ ने कही थी। लेकिन वह जानता था कि वह अभी ड्राइवर हैं। सर एच. चन्दानी का ड्राइवर। वह यह भी जानता था कि सर एच. चन्दानी की सेक्रेटरी उनकी केवल सेक्रेटरी नहीं थी। लेकिन सबसे ज़्यादा आर.के. इस बात को जानता था कि उनका नाम राम खेलावन सिंह है और वह ग्राम+पोस्ट भकुरा, जिला बक्सर बिहार से कलकता कमाने के लिए गया था और वहाँ से वाया दिल्ली होकर बम्बई कमाने आया है।

राम खेलावन गाड़ी रोकता है। अपना गेट खोलता है और भागते हुए आकर अपने बॉस का गेट खोलता है। बॉस अपने सेक्रेटरी सरला के साथ एकदम सहज तरीक़े से बाहर आते हैं। राम खेलावन गाड़ी से आइरिश वाइन और स्कॉच की बोतलें, सिगरेट स्नैक्स निकालता है। फिर गेट बन्द करते ही वह सिगरेट के दो पैकटों में से कुछ सिगरेट निकालकर अपने सिगरेट के डब्बे में डालता है और ड्राइवर के पास बने बॉक्स में रख देता है। ऐसा करते हुए वो एक बार अपने बॉस की तरफ़ देखता है और स्नैक्स का एक पॉकेट भी रख लेता है। सामान ले जाने के दौरान एक सामान उसके हाथ से फिसलता है और वो उसे सँभालता अपने बॉस के पीछे चल देता है।

यह सर एच. चन्दानी का फ़ार्म हाउस है। इससे पहले यह प्रकृति से सजा़ हुआ लोनावाला था। जहाँ नवधनाढ्य अपनी सजावट से प्रकृति को झुठलाने में लगे हुए थे। लेकिन सर चन्दानी अक्सर कहते कि हम प्रकृति को झुठला नहीं रहे। उसके साथ उसके सौन्दर्य पर ताल दे रहे हैं। ऐसा कहते हुए सर एच. चन्दानी का चेहरा ताल देने के भाव से भरा हुआ लगता और सुननेवाले इस ताल पर थिरक जाते।

स्विमिंग पुल के किनारे कुछ आराम कुर्सियाँ और टेबल लगे हुए थे। जहाँ चन्दानी के कुछ दोस्त पीते हुए इन्तज़ार कर रहे थे। सर चन्दानी और सरला के पहुँचते ही हाय हैल्लो का एक मीठा दौर चलता है। फिर राम खेलावन सब के लिए मय सर्व करता है और धीरे-धीरे सबकी आँखों में स्विमिंग पुल जैसा कोई सुख चलने लगता है।

हीरालाल चन्दानी तब एच. चन्दानी के रूप में स्थापित हो गए थे और

अब सर एच. चन्दानी के रूप में स्थापित हो रहे थे। उनके दोस्त यार दिन-रात बम्बई के उपनगरीय इलाकों को बम्बई से भी बड़ा होने की सम्भावनाओं और उसके छल प्रपंच में डूबे रहते। और उन्होंने अपने लिए ऐसी कोई छुट्टी भी इसलिए ईजाद कर रखी थी ताकि वे इत्मीनान से अपने बिजनेस की बारीकियों को और बेहतरी से समझ सकें। लेकिन ऐसी छुट्टियों में वे न चाहते हुए भी देश दुनिया की बातें करने लगते। एक दूसरे का मज़ाक़ उड़ाते, एक दूसरे को सच्चा-झूठा साबित करते। जीवन और अपनी समृद्धि की निरर्थकता पर बहस करते। शान्ति की तलाश में ख़ुद को होम कर देने की बात करते और फिर किसी उभर रही अभिनेत्री में खो जाते और एक बेचैनी से भर जाते। फिर वे अपनी-अपनी फ्रेंड्स–जो अमूमन उनकी मैनेजर या सेक्रेटरी हुआ करतीं–के साथ स्विमिंग पुल में तैरते-तैरते कहीं चले जाते।

लेकिन सबसे ज़्यादा बेचैन होता राम खेलावन क्योंकि उसे सुबह में चन्दानी से पहले जगना होता और उनके लिए गाड़ी तैयार रखनी होती। इसलिए वो इन बहसों और बेचैनियों के रोमांच का ना तो समझता और ना ही स्विमिंग पुल में तैरते-तैरते कहीं चले जाने के रहस्य को जान पाता। जैसे अभी जान नहीं पा रहा है कि सरला सेठ उसे क्यों परेशान कर रही है।

सरला बार-बार अपने बने हुए पैग को बनाने के लिए एक अधिकार के साथ राम खेलावन से बोलती और राम खेलावन बार-बार अपना कर्तव्य निभाते हुए एक गम्भीरता से कहता कि आपका पैग अभी ख़त्म नहीं हुआ है। इस पर सरला एक ख़ुश्क भाव से उसे देखती और कहती कि तब सिगरेट ही जला दो बॉस। राम खेलावन उसी कर्तव्यनिष्ठा से कहता कि आपकी सिगरेट भी जल रही है। सरला इसके जवाब में राम खेलावन से कुछ नहीं कहती लेकिन महफिल को देखती और लोगों से कहती कि 'जस्ट लुक मी'। मेरी सिगरेट जल रही है। इस पर सभी हँसते या हँसने की कोशिश करते।

सरला को ऐसी हरकतें करते हुए चार-पाँच बार हो गया था। राम खेलावन कहना चाह रहा था कि अब आप रहने दीजिए। दारू चढ़ने की वजह से ऐसा हो रहा है। लेकिन वह इतनी बड़ी बात कैसे कह सकता था। वह सरला सेठ से कहीं ज़्यादा सर एच. चन्दानी को जानता था। उनके रुतबे को। उनकी ताक़त

को। वह तो बस इसी रहस्य में डूबा रहता कि उनकी आधी से भी कम उम्र की सरला सेठ में ऐसा क्या है कि सर एच. चन्दानी उससे हर बात पर राय लेते और उसकी हामी पर सन्तुष्ट होते।

राम खेलावन इसी रहस्य से निकलना चाह रहा है कि तभी सर चन्दानी की लुढ़कती हुई आवाज़ आती है—"राम खेलावन पैग तो बना दो यार।" राम खेलावन पैग बनाता है तो सरला भी अपना पैग बढ़ा देती है—"राम खेलावन मेरा भी बना दो। प्लीज।" इस बार राम खेलावन सरला को देखता है तो सरला को भी लगता है उसने कुछ एक्स्ट्रा कहा है। राम खेलावन पैग बनाकर जाने के लिए होता है कि सरला उससे पूछती है कि मैंने कुछ एक्स्ट्रा तो नहीं कहा है? सरला के सवाल पर सभी अनभिज्ञता ज़ाहिर करते हैं और अपने-अपने पैग को उठाते हैं कि राम खेलावन कहता है कि आप ने आज राम की जगह राम खेलावन कहा।

घंटों से चल रही महफिल में राम खेलावन के मुँह से निकली यह पहली बात थी या इस बात में न जाने क्या बात थी कि सभी ने अपना अपना पैग मुँह में ले जाने से पहले रोक दिया था। सरला इशारों को राम खेलावन से कहीं ज़्यादा समझती थी लेकिन राम खेलावन उस डर को कहीं ज़्यादा समझता था जो रुतबों की महफिल में बोलने पर हुआ करता है। पल भर के लिए वह ठिठक जाता है। चूँकि सरला इशारों को समझती थी इसलिए वह अपने पैग का एक घूँट लेती है और कहती है कि आज राम खेलावन का नया नाम रखा जाएगा। थोड़ा नया, थोड़ा स्टायलिश। क्यों राम खेलावन तुम्हें इस नाम से दिक़्क़त है ना? राम खेलावन कहना चाह रहा है कि उसे अपने नाम से कोई दिक़्क़त नहीं है। लेकिन वह अभी-अभी एक बात बोल के डर गया था इसलिए अपने बोलने को अपने अन्दर के किसी खोह में डाल देता है।

सरला की इस पहल पर सभी अपने रोके हुए पैग को अन्दर लेते हैं और राम खेलावन का "क्या स्टायलिश नाम रहेगा" इस पर विचार करते हैं। वे राम खेलावन को नया नाम रखने के लिए उसे परखने की कोशिश करते हैं। इसके लिए वे उससे कभी चलकर दिखाने के लिए कहते हैं तो कभी बैठकर चलने के लिए। उसे कभी वे कुर्सी पर बैठाते हैं तो कभी मॉडल की तरह चलवाते

हैं। और ऐसा करते हुए उन्हें लगता है कि वे किसी अपूर्व आनन्द में डूबते जा रहे हैं। लेकिन सरला का दाँव उल्टा पड़ गया था। उसने बात बदलने के लिए बात कही थी लेकिन वह भी राम खेलावन के साथ ख़ुद को दलदल में फँसी हुई पाती है।

राम खेलावन सरला से कम किसी भी इशारे को समझता था। समझता था इसलिए उसके चेहरे के उजले बादल अपमान के काले बादल में बदलने लगे थे। लेकिन सरला उसकी तरह लाचार नहीं थी या हो सकता है उससे कहीं ज़्यादा लाचार हो लेकिन वो इशारों को ज़्यादा समझती थी इसलिए वो जानती थी कि अगर वह और लाचार हुई तो जी नहीं पाएगी।

सरला अचानक से खड़ी हुई और अपनी हाई हील की सैंडिल को एक-एक करके पैरों से हवा में उछाल दिया। कोई इस पर कुछ कहता इसके पहले उसने स्विमिंग पुल में छलाँग लगा दी। सरला के छलाँग लगाते ही सभी को लगा कि वे सब इस बात को भूल कैसे गए थे कि उन्हें अभी तैरना है।

सर चन्दानी का भी मन करता है कि वे भी ऐसे ही जूते उछाल कर फेंके और स्विमिंग पुल में छलाँग लगा लें लेकिन उनके मन में उनकी उम्र जांकर फँस जाती है। इसलिए वो सूटेड बूटेड ही पानी में छलाँग लगाने की कोशिश करते है लेकिन छलाँग लगाने में पानी के अन्दर गिर जाते हैं। धीरे-धीरे सभी छलाँग लगाने की कोशिश करते हैं लेकिन उनमें से लड़कियाँ ही छलाँग लगा पाती है बाक़ी सब को पुल में लड़खड़ाते हुए उतरना पड़ता है।

राम खेलावन को भी चढ़ी हुई है। वह छलाँग लगा के दिखा देना चाहता है कि तुम सब कितने कच्चे हो। लेकिन अभी थोड़ी देर पहले का दृश्य उसे कँपा दे रहा है जिसमें उसका मज़ाक़ उड़ाया जा रहा था। वह पाता है कि उसके क़दमों में घिघ्घी बँधी हुई है। इसलिए वह अपने क़दम पैग की तरफ़ बढ़ा लेता है। जल्दी से अपना पैग बनाता है और एक घूँट में पी लेता है। तेज़ी से पीना उसे एक प्रतिवाद की तरह लगता है क्योंकि सभी बहुत धीमे पी रहे थे। अपने इस प्रतिवाद पर वह फ़िदा हो जाता है। फिर एक और पैग बनाता है और इस बार भी एक घूँट में पीता है।

अब राम खेलावन की आँखें लाल हैं और मुँह में सिगरेट सुलग रही है।

लेकिन अभी भी वह स्विमिंग पुल की तरफ़ पीठ किए खड़ा है और धुआँ छोड़ रहा है। उसे लग रहा है कि उसके अन्दर कोई ऐसी चीज़ सुलग रही है जो सुलगने और धधकने के लिए ही होती है। वह अपनी अन्दर की सुलगने वाली चीज़ को हवा देना चाह रहा है ताकि वह पूरी तरह से धधक सके। इसके लिए वह बुदबुदाते हुए सरला सेठ को छोड़कर सभी को गालियाँ देता है। वह कभी दाँत पीसता तो कभी मुट्ठियाँ भींचता सुलग रहा है कि स्विमिंग पुल से एक मधुर आवाज़ उससे टकराती है। आर.के. तुम भी आ जाओ। कम ऑन।

राम खेलावन पलट कर देखता है कि आर.के. कौन आ गया? किसी को न पाकर वह थोड़ा हैरान होने को होता है कि सरला उससे कहती है नाऊ यू आर आरके...कम ऑन। राम खेलावन को इस पर हैरान हो जाना चाहिए था या उसे पूछना चाहिए था या फिर नया नाम देने के लिए थैंक्यू कहना चाहिए था या फिर अपने क़दमों को ठिठका देना चाहिए था लेकिन राम खेलावन अब आर.के. था। वो सरला की तरह अपने पैरों के जूते को एक-एक करके हवा में उछालता है और गिरह के साथ स्विमिंग पुल में छलाँग लगा लेता है।

आर.के. जैसे ही पानी के ऊपर आता है तो देखता है कि उसका बॉस सरला का कपड़ा उतारने की कोशिश करता है और सरला उस पर पानी का छपका मार के हँसती हुई पानी में डुबकी लगा लेती है। बॉस उसे पकड़ता है। खेलता है। थक जाता है। फिर हाँफते हुए बाहर निकल आता है और किनारे पर बैठ जाता है। वह चाहता है कि सरला भी बाहर आ जाए। लेकिन वह अभी भी इस पार से उस पार कर रही है और देख रही है कि राम खेलावन से आर.के. बना कोई लड़का कैसा लग रहा है।

सरला देखती है कि आर.के. उससे ज़्यादा अपने बॉस सर एच. चन्दानी को देखने की कोशिश कर रहा है तो वो उसकी तरफ़ जाने लगती है। आर.के. घबरा जाता है। सर चन्दानी देखते हैं कि सरला अब बिकनी और ब्रा में रह गई है। वो जैसे-जैसे आर.के. के क़रीब बढ़ रही है सर चन्दानी की भौंहें और चौड़ी होती जा रही हैं। उनका ग़ुस्सा टूटकर स्विमिंग पुल में फैलने लगता है। सरला आर.के. के पास पहुँचकर तैरने की बाजी खेलती है। फिर दोनों तैरने लगते हैं।

सर चन्दानी उस डेस्टिनेशन के पास पहुँचकर खड़े है जहाँ दोनों तैर के

पहुँचने वाले है। चन्दानी के दोस्त चन्दानी को जानते हैं इसलिए वे धीरे-धीरे बाहर निकल जाते हैं। स्विमिंग पुल अनहोनी की आशंकाओं से खामोश हो जाता है। बस दो लोगों के तैरने की आवाज़ आ रही है। और यह आवाज़ चन्दानी के पास आते-आते और तेज़ होती है। आर.के. किनारे पर पहुँचकर देखना चाहता है कि वो जीता या हारा कि तभी उसके गाल पर सर चन्दानी का एक करारा तमाचा पड़ता है। वो कुछ इस पर रियेक्ट करे इससे पहले चन्दानी उसे एक करारा थप्पड़ और मारते हुए कहते है, "मेरे ख़याल से अब तुम्हारा नशा फट गया होगा। अगर फट गया है तो जाओ यहाँ से और कभी मुँह मत दिखाना अपना। अदर वाइज आई किल यू बास्टर्ड।"

वे तरंगें नहीं लकीरें ही थी।

इसलिए आर.के. अपने स्विमिंग पुल में खड़े होकर हँसी उड़ाने वाली हँसी हँसता है। मानो ये हँसी सर एच. चन्दानी से कह रही हो कि बॉस उस दिन नशा ज़रूर फटा था मेरा। लेकिन उस फटे हुए नशे को मैंने बाहर जाने ही नहीं दिया। अपने अन्दर उसे बिखर जाने दिया ताकि वह मेरी शिराओं में पैबस्त हो सके। उस दिन के बाद मैं कभी कहीं तैरने नहीं गया कि अपने स्विमिंग पुल में ही तैरूँगा। एक दिन वो था और ये आज का मेरा दिन। काश कि आप आज ज़िन्दा होते सर एच. चन्दानी और देख पाते कि आज मेरे पास अपना स्विमिंग पुल है।

आर.के. तैरने के लिए पानी पर झुकते हुए पानी ऐसे काटता है मानो अपनी दोनों बाँहों से दुनिया को साइड करते हुए आगे बढ़ रहा है। तभी उसे लगता है कि उसके पैर स्विमिंग पुल के तल को छोड़ नहीं पा रहे हैं। वह बार-बार तैरने की मुद्रा में आता, पैरों को पानी में लहराता लेकिन उसके पैर अनायास ही तल पर टिकने लगते। उसकी तैरने की कोशिशों के अवान्तर धीरे-धीरे से उसके अन्दर कुछ कबूल हुआ जाता है कि वह तो तैर ही नहीं पा रहा है। लेकिन इस बात पर यक़ीन करना उसके लिए बहुत दूर की बात है अभी तो ये सोच भी नहीं पा रहा है कि वह तैर नहीं सकता।

वह अपनी टाई को ढीला करता है और तैरने के लिए मचल जाता हैं। उसका मचलना पानी में लहराने की कोशिश करते हुए उसके पैरों से मात खा

जाता है। वह एक-एक करके कोट शर्ट पैंट जूते मोजे सब उतार के स्विमिंग पुल में फेंक देता है। उसे लगता है कि अब तैरने में आसानी होगी। वह फिर से तैरने की मुद्रा में आता है। वह चाहता है कि उसके अन्दर एक बार फिर से हासिल की हुई ख़ुशियों की एक लहर उछले। ऐसी लहर जिसको चीरते हुए वह यहाँ तक पहुँचा है। इसलिए वह फिर से एक डुबकी लगाता है और चालीस साल पहले के एक पल में निकलता है।

राम खेलावन से आर.के. होने की अगली सुबह वह स्विमिंग पुल के फर्श पर लेटा हुआ है। उसे सरला जगाती है और गाड़ी की चाभी देती है। राम खेलावन से आर.के. बनने का यह पहला ही दिन था लेकिन उसके अन्दर आत्मविश्वास और स्वाभिमान के बीज अंकुरित हो गए थे। वह चाभी लेने से मना करता है कि मेरी भी इज़्ज़त है। मैं भी इनसान हूँ। सरला मुस्कराती हुए अपने बाएँ हाथ से उसका दायाँ हाथ पकड़ती है। उसमें चाभी रखते हुए उसकी हथेली को बन्द करते हुए कहती है, "इनसान होना काफ़ी नहीं होता। इनसान बने रहने के लिए इनसानी इशारों को समझना ज़रूरी होता है।"

आर.के. इनसानी इशारों को नहीं समझ पा रहा था लेकिन सरला सेठ आर.के. के इशारों को समझाने में कोई कसर नहीं छोड़ती। सरला आर.के. से चन्दानी की एक डील को लीक करवाने में मदद लेती है और उसके बदले में महीने भर में तीन हज़ार कमानेवाले आर.के. को दस हज़ार देती है। लेकिन इस बीच आर.के. सरला की डील ही नहीं करता बल्कि उसके माता-पिता के बीच के एक झगड़े को हमेशा के लिए ख़त्म करा देता है।

हुआ यह था कि सरला उसे अब अपनी निजी बातें बताने लगी थी। वह अक्सर अपने मम्मी-पापा के बीच के झगड़े का जिक्र करती। आर.के. अपने जवार के एक लड़के बब्बन शुकुल को जानता था जो कमाने के लिए आया था लेकिन उसका जातीय अभिमान नौकरी करने के बीच आड़े आ गया और वह पुरोहिताई के पेशे में उतरकर लूटने जैसा कमाने लगा था। आर.के. ने सरला को बताया कि घर में कलह-कोहराम ऊपरी चीज़ों से भी हुआ करती है।

इसके बाद आर.के. बब्बन शुकुल को सरला के घर ले गया। बब्बन रहस्यमय तरीक़े से पूरे घर और आसपास को देखते हुए सामने के एक पेड़

को देखने लगा। वह गुलमोहर का पेड़ था जो फूलों से लदा हुआ था। सभी उसकी तरफ़ देख रहे थे। वह एक रहस्यमयी मुस्कान के साथ मुड़ा और बोला कि इस पेड़ पर एक बूढ़ा ब्रह्म रहता है जो आप लोगों को लड़ाता रहता है। यह सुन के सभी एक सिहरन से भर जाते है। वह सभी को रिलेक्स करते हुए कहता है कि ब्रह्म पीपल के पेड़ पर रहता है इसलिए पहले एक पीपल का पेड़ लगाइए और उस गुलमोहर के पेड़ की तरफ़ खुलनेवाली एक खिड़की अपने बेडरूम में बनवा दीजिए और सोते-जागते उस पेड़ का दर्शन कीजिए। बाक़ी मैं ब्रह्मपूजा करवा देता हूँ, सब ठीक हो जाएगा। ये सुन के सरला सहित उसके मम्मी-पापा काफ़ी डर गए लेकिन वे इस बात से ख़ुश हुए कि उनके झगड़े में उनकी कोई ग़लती नहीं है। इसलिए उन्होंने महसूस किया कि अब तक वे अपनी अपनी जिन ग़लतियों की वजह से गिल्ट में भरे रहते उसका बोझ कुछ कम हुआ है। उन्होंने पेड़ लगाए, खिड़की बनवाई और ब्रह्म पूजा करवा के शान्ति से रहने लगे।

अब आर.के. सरला के लिए ही नहीं उसके मम्मी-पापा के लिए भी ज़रूरी हो गया था। और इसी ज़रूरी दिनों में सरला को लगा कि आर.के. का इस्तेमाल ही नहीं किया जा सकता उस पर मरा भी जा सकता है। आर.के. जो अब तक सरला को रहस्यमयी निगाह से देखता रहता था अब उसे मुग्ध भाव से देखने लगा था। इसी मुग्धता में आर.के. को भी वही लगने लगा जो अब तक सरला को लगता था। लेकिन सरला अभी भी सर एच. चन्दानी की सेक्रेटरी थी और वह ड्राइवर। सरला को आर.के. का यह ओहदा उससे ज़्यादा अखरता था। इसलिए उसने आर.के. को पचास हज़ार रुपया दिया और एक पुरानी फियेट लेने में मदद की। अब आर.के. अपनी गाड़ी का मालिक था और सर एच. चन्दानी से आज़ाद था।

एक साल के अन्दर आर.के. ने सरला को एच. चन्दानी से आज़ाद करवाने में मदद की और दोनों ने सांताक्रूज में प्रोपर्टी डीलिंग की एजेंसी खोल ली। दोनों पर क़र्ज़ का बोझ बढ़ गया था और इसी हताशा में दोनों अपने एक रूम के ऑफ़िस में रात में बैठे पी रहे थे तो सरला ने कहा, "तुम क्यों इतने निराश हो रहे हो डार्लिंग तुम्हारे पैर चलने के लिए नहीं उड़ने और तैरने के

लिए बने हैं।" आर.के. को यह बात इतनी अच्छी लगी कि मयनोशी कर लेने के बाद वो अपने कमरे की बजाए सीधे बब्बन शुकुल के यहाँ पहुँचा ताकि वो शादी की तारीख़ देख सके और उसकी रस्में करवा सके।

शादी के बाद प्रोपर्टी डीलिंग का धन्धा इतना परवान चढ़ा कि उन्हें लगने लगा कि वे सच में चलने के लिए ही नहीं तैरने और उड़ने के लिए ही बने हैं। पूँजी पर छलकता हुआ यह शहर खड़ा होने के लिए अठखेलियाँ कर रहा था। पहाड़ तोड़े जा रहे थे। झीलें सुखाई जा रही थीं। मैंग्रोव को काटा जा रहा था। गरदनें उतारी जा रही थीं और यह शहर आबाद हो रहा था। अब एक पैसा बचाने एक पैसा कमानेवाली अवधारणा पीछे छूट गई थी। दो पैसा लगाओ और दो सौ रुपए पाओ का सिद्धान्त राज करने लगा था। इसलिए दोनों पैसे लगाते और रुपए पाते।

अब दोनों इस शहर को देखते तो ऐसा लगता कि इस शहर की चमक से रोशनी नहीं पैसे झर रहे हैं। और वे दोनों इन रोशनियों के नीचे बिखरे पैसे लूटने में लगे थे कि उन्हें अहसास हुआ कि उनमें से एक जब तैर रहा होता तो दूसरा उड़ रहा होता। दोनों को इस नोट पर थोड़ा हैरान थोड़ा दुखी होना चाहिए था लेकिन दोनों अब जान चुके थे कि उनके पैर चलने के लिए नहीं उड़ने और तैरने के लिए ही बने हैं।

दिक़्क़त तब आई जब आर.के. को लगा कि उसका राम खेलावन उससे एक बच्चे की बात कर रहा है जो उसके अर्जित को भोग सके। सरला भी यही चाहती थी लेकिन नए सिद्धान्त की माँग ने न सिर्फ़ उसकी जीवन शैली को बदल दिया था बल्कि उनकी जैविक संरचना में एक छेद भी कर दिया था। सरला की बच्चेदानी निकलवानी पड़ी थी। लेकिन जिसके पैर चलने के लिए नहीं उड़ने और तैरने के लिए बने हैं वे कब तक और कहाँ तक इस नोट पर चल सकते थे कि उनके जीवन में उनकी विरासत को भोगनेवाले की कमी रह जाएगी। आर.के. इस नोट पर पूरी तरह से लड़खड़ा गया।

अब आर.के. भी इशारों को समझने लगा था और सरला का तो यह दिया हुआ मंत्र ही था लेकिन इस बार मंत्र का वार ख़ुद पर पाकर वह तिलमिला गई। उसने चाहा कि आर.के. से कहे कि आख़िर उड़ान की भी एक सीमा

होती है और तैरने की भी। और यह चलने की तरह नहीं होता कि थक जाओ तो बैठ कर कहीं आराम कर लो। उसमें या तो उड़कर गिरना होता है या तैरते हुए डूबना। लेकिन उसने महसूस किया कि यह एक अहसास है और इसे इशारे में कैसे बदले और आर.के. को इसका इशारा कैसे करे! उसने आर.के. के साथ इशारे की भाषा में दुनिया भर की यात्रा की। लेकिन यह एक ऐसा इशारा था कि जिसमें उसे ख़ुद के होने का सबूत देना पड़ता और वह नहीं चाहती थी कि वह अपने आर.के. के सामने अपने होने का सबूत दे जिसने उसके इशारों को अपनी मंज़िल बना उसके साथ इतनी यात्रा की थी। इसलिए लाचार होकर उसने तलाक के काग़ज़ पर अपना साइन कर दिया।

आर.के. घुटता हुआ एक डुबकी से बाहर निकलता है। यह डुबकी उसे एक कोफ़्त से भरती है। और यह कोफ़्त अफसोस में उबलता है। इस उबाल में वह फफाते हुए देखता है कि उसे तैरने के सिवा कुछ नहीं दिखाई दे रहा है। वह उन्माद से भरे अपने हाथ-पाँव को ख़ूब मार रहा है। लेकिन पानी पर वह एक सेकेंड के लिए भी ख़ुद को स्थिर नहीं कर पा रहा है। अब उसके ऊपर एक दौरा पड़ने जैसा होता है कि वह तैर क्यों नहीं पा रहा है? वह अचानक से चीख़ने लगता है। स्विमिंग पुल के मीटर में उसका कोलाहल रीड होता है और ऑटोमेटिक तरीक़े से स्विमिंग पुल पर रंग-बिरंगी रोशनियाँ झिलमिलाने लगती हैं।

आर.के. को यह पूरी तरह से याद है कि स्विमिंग पुल का इंजीनियर उसे बता रहा था कि स्विमिंग पुल में जब लोग मौज-मस्ती करेंगे तो उनके साउंड का संकेत पाकर ऐसी रोशनी जल उठेंगी। आर.के. ख़ुद से पूछना नहीं चाहता है कि उसकी चीख़ें क्या जश्न का संकेत हैं? लेकिन वह इस संकेत को देख रहा है। स्विमिंग पुल के जल पर फैली रोशनियाँ एक शिकारी की तरह दिखती हैं उसे और वह शिकार की तरह बेबस हो उन्हें देखता है।

आर.के. की चीख़ें वॉचमैन और उसके नौकरों तक पहुँचते हुए उसकी वंश बेल चलाने वाली पत्नी तक पहुँची और पत्नी के पीछे उसका पूरा परिवार भागता हुआ स्विमिंग पुल के पास आ गया। लेकिन आर.के. को अपने स्विमिंग पुल में तैरना था। उसके लिए बर्दाश्त के बाहर की बात थी कि वह तैर नहीं

सकता जबकि वह अपने गाँव में ख़ूब तैरा करता था। और गाँव में क्या उस दिन तो सर एच. चन्दानी की पार्टी में उसने तैरने का ही तो गुनाह किया था। इतना ही नहीं उसके जीवन में जो भी बदलाव आया उस दिन के तैरने की वजह से ही तो आया था।

उसकी पत्नी, उसके बच्चे सब मिन्नतें करते हैं कि आप बाहर आ जाइए। कल तैर लीजिएगा लेकिन आर.के. अब बाद में कुछ कर देनेवाली अवधारणा से बहुत पहले ऊपर उठ चुका था। इसलिए बिना तैरे वह वहाँ से हटना नहीं चाहता था। उसके लिए स्विमिंग पुल पर खाने को लाया गया और वह रात भर स्विमिंग पुल के फर्श पर आधा पैर पानी में डाले लेटे रहा।

सुबह बब्बन शुकुल को पूजा करवाने के लिए बुलाया गया। बब्बन शुकुल ने पूजा करवाया और शान्ति की कामना की। जैसे ही पूजा ख़त्म हुई आर.के. ने इस उम्मीद से छलाँग लगा ली कि बब्बन ने कुछ कर दिया होगा और अब तो वह तैर पाएगा। लेकिन इस बार भी उसके पैर स्विमिंग पुल के तल को छोड़ ही नहीं पा रहे थे। वह हाँफते हुए पानी को देख रहा था कि ऐसा कैसा हो गया कि वह तैरना भूल गया।

लेकिन उसकी हैरानी से ज़्यादा उसके घर वाले हैरान थे और उससे ज़्यादा बब्बन शुकुल। उन्होंने राम खेलावन का पूरा चढ़ाव देखा था लेकिन कभी इतना परेशान होते हुए नहीं देखा। वे पानी में उतर गए और आर.के. के पास आकर समझाते हुए कहा, "अरे का हो गइल राम खेलावन। काहे पवँरे के फेरा में परल बाड़ और पूरा परिवार के फेरा में डलले बाड़। ई पँवरे के कौन धुन सवार हो गइल तोहरा सर पे? का हो जाई ना पवँर ब त? कौनो बाढ़ आई का जे डूब जइब? बोका कही का। चल मरदे, बाहर निकल। पूरा परिवार परेशान बा और तू डरामा कइले बाड़। चल चल।" बब्बन शुकुल ने आर.के. के हाथ को खींचते हुए बाहर निकालना चाहा। लेकिन आर.के. ने बब्बन को झटक दिया।

बब्बन शुकुल को कहीं कुछ पाठ-उद्दीपन करवाने जाना था। वे जल्दी में थे। वे बड़बड़ाते हुए बाहर निकले, "जाने दो तुम लोग टेंशन मत लो। हम जानते है इसको। मूडी है। जब मूड करेगा बाहर आएगा।" लेकिन चार दिन

हो गया आर.के. बाहर नहीं निकला। वह खाने या चाय पीने के लिए बाहर निकलता फिर पानी में जाकर खड़ा हो जाता और तैरने की कोशिश करता। फिर रात में वहीं स्विमिंग पुल के फर्श पर सो जाता और जब नींद खुलती तो पुल में इस उम्मीद में छलाँग लगा लेता कि इस बार वह तैर लेगा। लेकिन हर बार उसकी उम्मीद डूब जाती।

पाँचवें दिन डॉक्टरों की टीम आई और आर.के. की मनःस्थिति का जाएजा लेने लगी। आर.के. गम्भीरता से पूरी बात बता रहा था और अपनी तैरने की इच्छा प्रकट कर रहा था। डॉक्टरों ने सोच-विचार के बाद कहा कि ऐसा कभी नहीं हो सकता कि एक इनसान अगर तैरता है तो वह कभी तैरना भूल जाए। आप गाँव के हैं और आपके गाँव में नदी है इसलिए आपको लगता है कि आपको तैरना आता होगा। लेकिन यह ज़रूरी तो नहीं। आप शायद भूल रहे हैं।

आर.के. के लिए इस बात को पचा पाना असहनीय है। वह डॉक्टर पर भड़क जाता हैं, "गाँव की बात छोड़िए। मैं यहाँ पर जब आया था तो अपने बॉस के स्विमिंग पुल में तैरता था। मैं अपनी पहली पत्नी के साथ पहली बार..." इतना कहते हुए वह रुक जाता है। वह बगल में खड़ी अपनी पत्नी को देखता हैं और हया और पछतावे की धुन्ध उस पर छा जाती है। उसकी पत्नी भी इस बात से असहज होती है।

आर.के. अपनी बात बदलते हुए कहते हैं, "मैं झूठ क्यों बोलूँगा। मैं तैरना भूल गया हूँ लेकिन मैं इस बात को अभी भी जानता हूँ कि डॉक्टरों से झूठ नहीं बोलना चाहिए। मुझे पूरी तरह से याद है। एक बार तो मैं अपने गाँव की नदी–जिसका नाम धर्मावती है। बाढ़ के दिनों में गंगा की तरह उफनने लगती थी। उसमें मैं तैरते-तैरते इतना आगे चला गया कि डूबने लगा। फिर एक मछुआरे ने आकर मुझे बचा लिया।

आर.के. की बात सुनकर डॉक्टर की आँखें चमक उठती है, "एक्जेक्टली व्हाट आई एम सेईंग सर...आपको याद नहीं है। अगर आपको तैरना आता तो आप डूबते नहीं। आप कुछ भूल रहे हैं...नहीं तो ऐसा नहीं हो सकता कि..." डॉक्टर अपनी बात पूरी करता इससे पहले तिलमिलाकर आर.के. कहता है, "लेकिन आप को ये तो पता होना चाहिए कि तैरनेवाला ही डूबता है। अगर

मुझे कोई साइकोलाजिकल बीमारी है जिसकी वजह से मैं तैरना भूल गया हूँ तो उसकी दवा दीजिए। कोई उपाय बताइए। लेकिन ये मत कहिए कि मैं तैर नहीं सकता।

डॉक्टरों की टीम एक पल के लिए चुप हो जाती है। वे एक दूसरे का मुँह देखते हैं और उनमें से एक फिर समझाने की कोशिश करते हुए कहता है, "चालीस-पैंतालीस साल पहले की बात है। और यह किसी बात को भूलने के लिए बहुत ज़्यादा है...यह बहुत नेचुरल है कि इनसान कोई बात भूल भी सकता है।" इस बात पर आर.के. को कुछ कहना गवारा नहीं लगता। वह सॉरी कहता है और स्विमिंग पुल में छलाँग लगा लेता है। उसके छलाँग लगाते ही उनकी पत्नी छाती पीटने लगती है कि क्या हो गया इन्हें। आर.के. को अपनी पत्नी की हाय-हाय सुनाई पड़ती है लेकिन वह डुबकी लगा लेता है।

किसी को कुछ समझ में नहीं आता कि क्या करे। स्विमिंग पुल पर अब रोशनियों से ज़्यादा नींबू मिर्च और फेंगु सुई के यंत्र दिखने लगे। हवन और लोहबान के धुएँ से पूरा माहौल एक भुतहे वातावरण में तब्दील हो गया है। इसी तब्दीली में जब रात के साथ उसकी बेचैनी किसी गह्वर में भटकने लगी तो उसे लगा कि सरला से उसे मिलना चाहिए।

सरला के घर के बाहर जब आर.के. पहुँचता है तो उसे अचानक से समय देखने का ख़याल आता है। उसे घड़ी देखने की बजाए आकाश की तरफ़ देखना उचित लगा। जैसे राम खेलावन रात में जब जगता तो तारों की स्थिति देखकर अनुमान लगाता कि रात कितनी बाक़ी रह गई है ताकि सुबह होने से पहले कटनी करने निकल जाए नहीं तो नौ बजते-बजते धूप इतनी तेज़ होती कि खेत में रुकना असहनीय हो जाता और कटनी का काम नहीं हो पाता। आर.के. ने आकाश को देखा तो पाया कि यह एक निरभ्र रात है। तारों से भरी। उसने सोचा कि ऐसी रात उसने कब देखी थी। यह सोचते हुए उसे घबराहट हुई और उसने सरला के फ्लैट की घंटी बजा दी।

अन्दर से एक महिला निकली। उसे पता था कि सरला पैरालाइज्ड है और वो दरवाज़े तक नहीं आ सकती। इसलिए महिला को देखकर समझ गया कि वो कोई नर्स होगी। वह महिला आर.के. को सरला के पास ले जाती है। सरला

अभी तक जगी हुई थी और सामने की दीवाल की तरफ़ देख रही थी। आर.के. उसके पास बैठता है लेकिन उसकी बेचैनी सरला के बारे में कम अपने तैरने को लेकर ज़्यादा है। वह बहुत कुछ कहना चाहता है लेकिन शुरू जहाँ से करना चाहता है हर उस बात में एक गुनाह की तरह ख़ुद को फँसा हुआ पाता है और उसके मुँह से सॉरी निकलता है! वह इससे आगे कुछ कहे कि सरला उसके हाथों पर अपना हाथ रखती है। तब वह सरला को ठीक होने की दिलासा देता है पर वह अपनी लड़खड़ाती आवाज़ में पूछना चाहती है कि इतनी रात गए? वह इतना कह पाई कि आर.के. ने उसे कुछ कहने से रोक लिया। दोनों कुछ पल तक खामोश बैठे एक दूसरे को देखते रहे लेकिन आर.के. इस बात के लिए ख़ुद को तैयार कर रहा था कि वह पूछ सके, "क्या मैं उस दिन तैर रहा था जिस दिन सर एच. चन्दानी ने मुझे थप्पड़ मारा था?"

आर.के. अपनी बात कहने का कोई सिरा तलाशता हुआ कुछ कहता। सरला उसकी हथेलिया दबाकर चुप रहने की कोशिश करती। इस कहने और चुप रहने की कोशिश से उद्विग्न आर.के. ने बात का सिरा पकड लिया, "अच्छा तुम्हें याद है जिस रात चन्दानी ने मुझे थप्पड़ मारा था?"

सरला इस प्रश्न को सुनने के बाद हैरान हो सकती थी लेकिन वह बिफरने जैसी होने को होती है कि इसका जवाब हाँ ना में नहीं दिया जा सकता है। लेकिन वो जानती है कि वह कोई सवाल पूछने आया है। वो यह भी जानती है कि पूछने वाला कौन है। वह ख़ुद को किसी वक़्त की किरचों में फँसी हुई महसूस करनेवाली होती है कि उसे मुस्कराना अच्छा लगता है। उसके चेहरे पर एक निश्चल मुस्कान फैलती है। आर.के. इस मुस्कान को देखने की कोशिश करता है कि इस हाल में भी सरला की हँसी कितनी प्यारी लग रही है। लेकिन उसे अभी अपने तैरने के बारे में जानना है और सरला एक सबूत की तरह बची हुई है इसलिए पूछता है, "उस दिन स्विमिंग पुल में पानी कम था ना जिस वजह से मैं इस पार से उस पार तक चलते हुए गया और झूठ-मूठ तैरने का नाटक करता रहा?

इस सवाल के बाद सरला के चेहरे के पर विस्मृति से उभरा हुआ एक गहरा तनाव खुरच गया। वह कुछ कहती इससे पहले आर.के. ने पूछ लिया,

"मुझे तैरना तो आता है ना? उस दिन मैं तुम्हारे साथ तैर ही तो रहा था?"

अभी आर.के. इतना ही कह पाया था कि सरला की हथेली उसकी हथेली पर एक जकड़ के साथ कस गई। वह एक उमड़ते-घुमड़ते दर्द के झटके के साथ उठना चाह रही थी कि उसके मुँह से लार और थूक के साथ फेन जैसा कुछ निकलने लगा। आर.के. घबराकर नर्स को आवाज़ देता है। नर्स ने देखते ही कहा कि मेजर अटैक है अभी हॉस्पिटल ले जाना होगा।

आर.के. सरला को हॉस्पिटल में भर्ती करवा के लौटता हैं तो पाता है कि वाकई चालीस-पैंतालीस साल का वक़्त बहुत ज़्यादा होता है। फिर भी उससे यह बात स्वीकारी नहीं जा रही कि वह तैर नहीं सकता। वह वक़्त के इस स्वीकार-अस्वीकार के बीच जो सिलवटें पड़ गई थी उसे समझने की कोशिश करता हैं तो उसके सामने इनसानी इशारों की अनगढ़ मूर्तियाँ अपने को पूरा करने के लिए टेर लगाने लगती है। वह उन टेरों को सुनता हुआ अपनी गाड़ी को रात भर इधर-उधर घुमाता रहा कि ऐसा कैसे हो गया कि वह तैरना भूल गया और उसके तैरने का यक़ीन अब उसके पास से जा रहा है।

वह अपने आलीशान बंगले पर लौटता है तो स्विमिंग पुल की तरफ़ देखता भी नहीं सीधे घर जाता है और जाकर टिकिट बुक कर चुपचाप अपने कमरे में सो जाता है। उसको सोता हुआ देख उसका परिवार दस दिन बाद चैन की साँस लेता है लेकिन आर.के. की जैसे ही नींद खुलती है वो टाइम देखता है और हड़बड़ा के उठता है। वह तुरन्त अपना बैग तैयार करता है और पत्नी से कहता है कि ड्राइवर से बोलो कि गाड़ी निकाल ले। मुझे फ्लाइट पकड़नी है। पत्नी पूछती है कि कहाँ जा रहे हैं? आर.के. बिना लाग लपेट के कहता है, 'गाँव।'

पत्नी साथ चलने की बात करती है तो आर.के. यह कहकर कि दो-तीन दिन में आता हूँ, निकल जाता है। पीछे पत्नी का प्लीज-प्लीज का निवेदन पानी के बुलबुले की तरह उठता है और फूट जाता है।

आर.के. हवाई अड्डे से अपने गाँव के लिए टैक्सी लेता है तो उसे गहरे तौर पर राहत का अहसास होता है। उसे लगता है कि वह बिना मतलब दस दिनों से परेशान था। उसे गाँव आकर अपनी नदी में तैरना चाहिए था।

वह जैसे-जैसे गाँव के क़रीब आ रहा था उसका राम खेलावन जो अब

तक कहीं खामोश बैठा था, उसमें एक सुगबुगाहट-सी होती है। तभी उसे लगता है कि वह एक पुल से गुज़र रहा है। वह इस पुल को नहीं जानता था। लेकिन जिस पर पुल खड़ा हुआ था और जिसका एक हिस्सा गाँव से और दूसरा हिस्सा एक बन रहे क़स्बे से जुड़ा हुआ था, उसे लगा कि वह इस जगह को पहचानता है।

यह पहचान उसे मथ देती है। वह थोड़ा सचेत होकर इस जगह को पहचानने की कोशिश करता है तो पाता है कि उसे हैरान होना चाहिए या ख़ुश! यह तो उसके गाँव की नदी है। इस पर पुल कब बन गया? उसे ख़ुशी होती है कि उसकी अपनी धर्मावती नदी पर पुल बन गया है। उसे अच्छा लगता है कि बाढ़ के दिनों में उसका गाँव जो बाहर की दुनिया से पूरी तरह कट जाता था अब नहीं कटेगा।

वह ड्राइवर से गाड़ी रोकने के लिए कहता है। वह तेज़ी से दरवाज़ा खोलते हुए और पुल के किनारे आकर अपने उन दिनों को देखना चाहता हैं जिसमें वह तैरते हुए बड़ा हुआ है। जिसमें अब वह तैरकर इस झूठ को झुठला सकता है कि वह तैर नहीं सकता। वह अपने सबूत के पास था। सरला सेठ के बाद यह ऐसा सबूत था जिसे कभी मिटाया नहीं जा सकता।

लेकिन यह क्या? यह हैरान होने से भी कोई बड़ी बात थी। नदी को देखते ही जैसे लगता है कि वह किसी दु:स्वप्न में हैं। जैसे वह अब तक ख़ुद से पूछ रहा था कि कि वह तैरना कैसे और कब भूल गया था? वैसे ही वह नदी से पूछ रहा है कि कैसे और कब तुम्हारा पानी सूख गया?

वह अपने ऊपर तेज़ हवा के एक झोंके को महसूस करता हैं। उसका राम खेलावन कहता है कि फगुनहटा बह रही है। और तुमको याद है गाँव के लड़के-लड़कियाँ इस नदी में होली खेलने के बाद अपना रंग धुलने के लिए आते थे और अबीर खेलने के वक़्त तक तैरते रहते थे। अब तक वह अपने गाँव को लेकर भावुक हो रहा था। इस याद से उसे सिहर जाना था लेकिन वह पूरी तरह से काँप गया।

उसने चाहा कि अब यहाँ से लौट जाए तभी उसका एक हमउम्र जो बाइक से कहीं जा रहा था, उसे देखकर, "अरे ई तो राम खेलावन है" कहते हुए

आगे जाकर अपनी बाइक रोक देता है। उसे देखकर आर.के. को लगा कि जाननेवाले को पहचानने के लिए चालीस-पैंतालीस साल का वक़्त कोई बहुत ज़्यादा वक़्त नहीं होता। वह ख़ुद को भरा हुआ महसूस करने लगा लेकिन उसके तैरने में चालीस-पैंतालीस का वक़्त कैसे ज़्यादा हो गया? इस प्रश्न की बेधाई उसमें कहीं गहरे तौर पर सुराख करने लगी।

आर.के. ने हमउम्र से कहा कि काम करके लौटो तो मुलाक़ात होती है। लेकिन उसका हमउम्र कहता है, "अरे काम होई नू...कितना दिन बाद त तू आइल बाड़। चल पहले घरे।" आर.के. उसी के साथ गाँव आता है।

गाँव में घुसते हुए वह उस जगह को देखता है जहाँ साप्ताहिक मेला लगा करता था, अब वह एक क़स्बे में बदल चुका है। पलटू और बड़का घर के बगीचे कट गए हैं। उन जगह पर बंगलों जैसे घर बन गए हैं। गाँव की गलियाँ पक्की हो गई हैं। खेतों तक जानेवाली छवरों पर ईंटें बिछ गई हैं। उसे यह सब देखकर ख़ुश होना चाहिए था लेकिन वह एक पुल पार करके आया था। एक ऐसा पुल जिसके नीचे नदी नहीं नदी की आकृति बह रही थी।

आर.के. गाँववालों से एक संकोच के साथ नदी की बात करता हैं तो पता चलता है कि बरसात में दो महीने नदी में पानी दिखता है, वो भी तब जब ख़ूब अच्छी बरसात होती है। और वो पानी भी छठ तक आते-आते सूख जाता है। इसलिए अब लोग अपने घरों में ही छठ पूजा करने लगे हैं।

रात होने पर आर.के. नदी की तरफ़ निकलता है। नदी के किनारे पर पहुँच कर इस भाव से देखता है कि उसके देखने से नदी में पानी आ जाएगा, लेकिन नदी अपने तल में समतल हो चुकी थी। उस समतल पर क्रिकेट के पिच, पिच से थोड़ी दूर पर हाई जम्प की कुदाई के लिए बना गड्ढा, उससे थोड़ी दूर पे बैडमिंटन के नेट, नेट के बाई तरफ़ नदी से मिट्टी निकालने के लिए खड़े ट्रक और ट्रैक्टर और सब पर चाँदनी पूरी तरह से खिली हुई है। चाँदनी में सूखी नदी सफ़ेद साड़ी में लिपटी विधवा की तरह दिखाई देती है। वह जाकर नदी के बीच तल में बैठ जाता है। वह चाहता है कि नदी को महसूस करे, उसे छू ले उसमें तैरे। तैरते हुए डूबने की बात सोचते हुए वह लेट गया।

सोचना ख़ुद से बात करना भी होता है। वह बात करते हुए पाता है,

"फागुन की हवा में चाँदनी का स्वाद पता चलता है।" यह ऐसा स्वाद था कि सोचना छोड़कर उसे ख़ुद से पूछना पड़ रहा है, "नदी में अगर पानी होता तो क्या चाँदनी का स्वाद इतना ही होता? उसमें हवा के साथ पानी का स्वाद मिलता तो कैसा स्वाद बनता? उसमें इस स्वाद को पाने की चाह उमड़ती है। वह नदी को अपनी अन्दर की उद्विग्नता से दबाकर देखता है। उसकी आँखों में आँसुओं की कुछ बूँदें जालीदार परदे की तरह झिलमिलाने लगती है। वह देखता है कि नदी में पानी भरा हुआ है। नदी के ऊपर चाँदनी फैली हुई है और उस पर फगुनहटा बह रहा है। और वह पानी, हवा और चाँदनी का स्वाद लेते हुए नदी के बीचोंबीच तैर रहा है।

तैरते-तैरते वह थककर अपने हाथ-पाँव मार रहा है। लेकिन हाथ पाँव काम नहीं कर रहे हैं। वह पूरे दम के साथ चीख़ता है। नदी के किनारे पर खड़े लोग उसे बचाने के लिए नदी में छलाँग लगा चुके हैं लेकिन उनकी दूरी इतनी हैं कि वे अब उसे नहीं बचा सकते। लेकिन किनारे से उसके कानों में राम खेलावन राम खेलावन की पुकार के साथ लोगों के तैरने की आवाज़ आ रही है। अचानक से उसे लगता है कि पुकारते हुए लोग हँसने लगे हैं। सच में लोग हँस रहे थे और उसको घेर कर खड़े थे। वह अपनी आँख खोलते हुए लोगों को सुनता है, "का राम खेलावन। नदी से मोहा गइल का?"

लेकिन आर.के. जगा तो उसके अन्दर मोह नहीं माया बची थी। जो उससे उसके होने की वजह माँग रही थी। इसलिए वह यह कहते हुए उठता है और चल देता है, "अरे यार बहुत अच्छी हवा बह रही थी तो नींद लग गई थी।" वह किनारे पर जाकर नदी को एक बार पलटकर देखता है। नदी में चाँदनी की जगह धूप और पानी की जगह मिट्टी निकालकर ले जाने के लिए ट्रक और ट्रैक्टर की आवाज़ फैल रही थी। वह अपना चेहरा घुमाता है तो दूसरी तरफ़ चमकने के लिए बेताब गाँव दिखाई देता है। उसके चेहरे पर एक कनिंग स्माइल आती है। वह अपने एक हमउम्र जो अब गाँव का प्रधान हो चुका था, से कहता हैं कि गाँव में पक्के घर बनने लगे हैं। नदी से मिट्टी मिल जाए तो ईंट का एक भट्टा डाला जा सकता है। उसका हमउम्र इस बात को एक नेमत की तरह लेता है और आर.के. ख़ुद को एक बन्धन से मुक्त पाता है।

आर.के. अपने गाँव में भट्टे की पूरी तैयार करके लौटता है। उसके चेहरे पर नेमत अता करने का भाव है। वह अपने स्विमिंग पुल में एक बड़ा सा स्विमिंग बेड डाल के लेटा हुआ है और अपने दोस्तों के साथ पार्टी कर रहा है। उसके चेहरे पर तैर न पाने का कोई अफसोस या पीड़ा नहीं है। वह अपना पैग गटकने के लिए ऊपर आकाश की तरफ़ देखता है। देखना भी ख़ुद से बात करने जैसा ही होता है लेकिन वह अपने दोस्तों से गाँव में अपना बिजनेस शुरू करने के लिए चियर्स करते हुए कहता है, "मैं बिना मतलब परेशान हो गया था। अरे जब नदी सूख गई है तो मैं तैरूँ या ना तैरूँ क्या फ़र्क़ पड़ता है?" आर.के. के दोस्त इस बात पर चियर्स करते हैं।

आर.के. अपना पैग एक हासिल की हुई ख़ुशी के साथ गटकता है। उसके हलक में उतरता हुआ एक ठंडा और खारा उबाल उसे पानी के फ़र्क़ से जोड़ देता है। उसे यह फ़र्क़ ऐसा चुभता है मानो उसके गले के ठीक बीच नदी आ गई हो। वह नदी को गटक जाना चाहता है और जैसे ही एक घूँट उसके भीतर जाता है। आर.के. के गले से कुछ निकलना शुरू होता है, ठीक उस रात की तरह जब सरला सेठ के गले से लार थूक और फेन एक साथ निकला था। वह एक तड़प के साथ मुँह के बल अपने स्विमिंग पुल में गिर जाता है। वहाँ "क्या हुआ", "क्या हुआ" का शोर मचता है और स्विमिंग पुल की तकनीक उस शोर को एक उत्सवी कोलाहल में रीड करती है। स्विमिंग पुल उत्सव की रोशनियों से झिलमिला जाता है। रोशनियों के इस झिलमिल के बीच आर.के. के पास जब तक लोग पहुँचते तब तक उसका शरीर पानी में तैरने लगा था।

इलाहाबाद भी!

(मैं जितना अपने अतीत से भागना चाह रहा था उससे कहीं ज़्यादा रजनीगन्धा उसे पकड़ना चाह रही थी। इसके उलट यह भी कहा जा सकता है कि मैं अपने अतीत को पकड़ना चाह रहा था और वह उससे भाग रही थी। असल में देखा जाए तो हम ना भाग रहे थे ना वो पकड़ रही थी; अतीत ही ऐसा था कि हमारे साथ लुकाछिपी का खेल करना चाह रहा था। बातों-बातों में जब हमारे अतीत खुलते तो मैं कुछ बहुत चाहे हुए पल को भी नज़रन्दाज करने की कोशिश करता और वह तो उसे दबा ही देती। उसने ख़ुद को इतना सँभाल लिया था कि पलट कर पीछे देखती भी थी तो बहुत सधे हुए तरीक़े से आसमान की तरफ़ देखने लगती और कहती कि कम बादलों वाली बरसात कम आँसू की तरह होती है। न प्यास बुझती है, न जी हल्का होता है। चूँकि मैंने रजनीगन्धा को शुरू से खिलते हुए देखा था इसलिए मैं समझ सकता था कि पलट कर देखने में चाहे गरदन को जितना साध लिया जाए आसमान तक उठती हुई गरदन को देखा जा सकता है। और फिर बरसात में आँसू की बात तो बहुत साफ़ और सहेजी हुई बात थी। इसलिए मैंने मान लिया था कि किसी ज़ख़्म के निशान रह जाते हैं और उसी निशान से आँखें बचाकर जी लेना ही

अपना मुकद्दर है। हमारे बीच जी लेना एक ऐसे वाकया की तरह आता जिससे लगता कि कहीं कोई अनजानी सी आवाज़ कह रही हो कि समय और ज़िन्दगी का अपना हिसाब होता है और उस हिसाब को हल कर ले जाना ही जी लेना है।

मुझे मुम्बई में रहते हुए चार साल से ज़्यादा हो गया था। रजनीगन्धा ने ही एक प्रॉडक्सन हाउस में मुझे रखवा दिया था जहाँ मैं लेखकों के सहायक के तौर पर काम करते हुए विदेशी और देशी फ़िल्मों की कॉपी करता और उसे देशी वतावरण में ढालता। तभी एक दिन मेरे पुट्ठे पर हाथ मारते हुए प्रोड्यूसर ने कहा, "क्यों शिरीष तुमने तो बहुत शानदार कहानी लिखी है। उसे थोड़ी फ़िल्मी कर दोगे तो कमाल की फ़िल्म बनेगी।" मैंने कोई कहानी नहीं लिखी थी इसलिए इस बात से चकित होकर पूछना चाह रहा था कि आप किस स्टोरी की बात कर रहे हैं? तभी उसके साथ में खड़ी रजनीगन्धा ने मुझे इशारा किया। इशारे से मैं इतना ज़रूर समझ पाया कि मुझे हामी भरनी है इसलिए बात को चापलूसी में बदलते हुए कहा, "सर आप चिन्ता मत करिए जिस दिन मुझे लग गया कि मेरी राइटिंग पर पैसा लगाने का रिस्क लिया जा सकता है उस दिन मैं आपकी गरदन पर लटककर अपनी फ़िल्म बनाऊँगा।" प्रोड्यूसर को मेरी बात भा गई थी। उसने उत्तेज़ना भरे उत्साह के साथ कहा कि मैं रिस्क ले रहा हूँ। तुम जल्दी काम शुरू करो। मैंने थैंक्यू कहकर अपनी सहमति दे दी। वह मुस्कराता हुआ अपनी केबिन में चला गया।

मैंने रजनीगन्धा से मामले को जानना चाहा तो पता चला कि यह स्टोरी उसी ने लिखी है। वह मुझे आगे बढ़ाना चाहती है। यह सब इसलिए कर रही है क्योंकि मैं अब तक कोई कहानी नहीं पूरी कर पा रहा था। आगे की बात यह थी कि मुझे उस स्टोरी को और फ़िल्मी, और मसालेदार बनाना था। मैं ऐसे काम करने में महारत हासिल करता जा रहा था जिसकी वजह से प्रोडक्शन हाउस में मेरी इज़्ज़त बढ़ गई थी और मैं सहायक (असिस्टेंट) से एसोसिएट हो गया था।

एसोसिएट होना कुछ वैसा था कि कोई उस हाउस में मिलने आता या प्रोड्यूसर जब किसी से परिचय कराता तो कहता कि ये मेरा एसोसिएट है, शिरीष उपाध्याय।

लेकिन यह कहानी तो...! इस कहानी पर मुझे काम करना होगा? इस कहानी ने मुझे फिर से उसी खाईं में धकेल दिया था जहाँ से मैं बहुत मुश्किल से ऊपर आया था। यह कहानी रजनीगन्धा ने लिखी थी। रजनीगन्धा जिसके साथ मैं मुम्बई में रहता था। रजनीगन्धा जो कि तीन-चार भोजपुरी फ़िल्मों में नायिका बनने के बाद प्रोड्यूसर के विश्वास को इतना जीत चुकी है कि वह उसे हिन्दी में लांच करने की तैयारी कर रहा है। प्रोड्यूसर के लिहाज़ से मुझे इस फ़िल्म में बतौर लेखक क्रेडिट दिया जाएगा। इस बात से मुझे ख़ुश हो जाना चाहिए था लेकिन कहानी में अगर मेरी कहानी हो, मेरा अतीत हो तब ख़ुशी की बात कैसे की जा सकती है? कम से कम मुझसे नहीं हो पा रहा था। और तो और रजनीगन्धा जिस अँधेरे में गई थी, उसके बाद जो समझौते उसने किए थे, वह सब क्यों नहीं है इस कहानी में। रजनीगन्धा कैसे अपने अँधेरे पर पर्दा रख सकती है? क्या वो चाह रही है कि उन अँधेरों को मैं लिखूँ? शायद यही वजह है कि बतौर लेखक स्क्रीन पर अपना नाम जाने की ख़ुशी को मैं महसूस नहीं कर पा रहा हूँ। ख़ुशी की बात तो दूर, ऐसा लग रहा है कि मैं फिर से किसी अँधेरे में धकेला जा रहा हूँ। आगे कुछ और कहूँ इसके बजाए मेरे टेबल पर पड़ी रजनीगन्धा की कहानी को आप के सामने रख रहा हूँ। कहानी में चरित्रों के नाम असल नाम है, मैंने अभी के लिए उसे यूँ ही छोड़ दिया है।)

सभी को ताज्जुब हो रहा होगा कि उस दिन भी सूरज पूरब में ही निकला था। गंगा बंगाल की खाड़ी में ही गिर रही थी। मुर्गे ने सुबह ही बाँग दी थी। कोयल ने पिया को ही बुलाया था, फिर क्या था उस दिन में कि मैंने सब से एक क़दम आगे बढ़ कर शिरीष को अपना बना लिया था।

नकाब ख़यालात को बेनकाब करने की/लत लगी है/उधर एक शरमाई हुई शाम/मेरी ज़मीन पर उतर रही है/कैसे तेरा एहतराम करूँ/उतरने दूँ उस शाम को बेहिचक/बोसीदा ख़यालों को एक नया लिबास दे सकूँ/वक़्त इतना खौफनाक कि इससे उबरने में सब कुछ जाएग हो जा रहा है।

शिरीष की इन्हीं पंक्तियों से ही आज मैं मुद्दत बाद अपनी डायरी लिखने या अपनी बात कहने बैठी हूँ। इसे लिखने के हेतु में ग़ालिब जा रहे थे, मोड़ आया मुड़ गए की तरह कोई जुमला नहीं है। एक सबब है भले ही सबक की तरह हो या ना हो। जिक्र इसलिए भी कि इस डायरी के केन्द्र या परिधि में शिरीष ही आता है। यदि रजनीगन्धा आती भी है तो शिरीष की परिधि में जाने के ज़िद से ही। शायद यह मेरा नज़रिया हो। वैसे भी डायरी में अपना नज़रिया ही तो कब्जा जमाता है। खैर, मुझे अब आगे बढ़ जाना चाहिए। एक कथा की तरह। कथा को अपने में समेटते हुए।

"क्या तुम भी छुपा-छुपा कर नहीं बहाते आँसू
अपनी अनिच्छाकृत निष्ठुरता पर"

शिरीष ने उड़िया कवि सीताकान्त महापात्र की इसी पंक्ति को काग़ज़ के कैनवास पर लिखकर अपने कमरे में चित्र की तरह लगाया था। मुझे नहीं पता कि उसने कौन सी निष्ठुरता की होगी, हालाँकि मैंने जानने की बहुत कोशिश की थी और हर बार मुझे सवालिया निगाह से मुस्कराते हुए ऐसे देखता रहता था जैसे उसने अपने लिए नहीं मेरे लिए ही लिखा है और मुझसे ही पूछ रहा हो। इस बात को लेकर उसके प्रति मेरी बेदिली बढ़ जाती थी लेकिन उसने तब भी नहीं बताया था जब उससे इलाहाबाद भी छुड़वा दिया गया था।

मैं शिरीष से प्रेम करती थी और मेरा प्रेम करना इसलिए नहीं था कि प्रेम एक नैसर्गिक क्रिया है और एक लड़की प्रेम करती ही है। इसलिए भी नहीं कि मैं लैला थी और मैं किसी मजनू के साथ प्रेम करने और मरने के लिए अभिशप्त थी। मैं शिरीष को इस समझ से प्रेम करती थी, "अरे यार कोई शिरीष से प्रेम नहीं करेगा तो करेगा क्या?" फिर मेरा प्यार भी ऐसा रंग चढ़ा कि आग,

हवा और पानी तीनों को अपनी-अपनी जगहों से निकलना पड़ा। वे आकाश पाताल के जर्रे-जर्रे की तफ्तीश कर आए और आख़िर में उन्हें संगम पर दुनिया की एक मीटिंग बुला कर बताना पड़ा कि संगम पर सरस्वती के अलावा एक और धारा है जो दिखाई नहीं दे रही है। फिर सगर्व लैला यानी मेरा नाम लिया उन्होंने। मुझे अपने नाम से बेहद लगाव है। इसलिए नहीं कि इस नाम की कोई लड़की प्रेम में शहादत पा चुकी थी और जिसके नाम से सहरा समन्दर में बदल जाते हैं। इसलिए भी नहीं कि लैला एक महकती नशीली आइटम है और जिसकी एक लचक पर उम्र की आख़िरी और बेजुबान-बेजान सलवटें भी पानीदार चाहत में बदल जाती है। बस इसलिए कि शिरीष भी मुझे लैला ही कहता था। शिरीष के बिना अपना नाम सुनते ही मैं चीख़ने के उन्माद से भर गई। लेकिन लैला के साथ शिरीष का नाम न लेने का दुख इतना भारी था कि धरती और सख्त हो गई और मेरे पैरों के ख़ून सूख गए। मैं वहीं ठस से बैठ गई कि यह कैसा पुरस्कार है कि मैं धारा बन गई और उसका नाम सिर्फ़ लैला है उसमें शिरीष नहीं। यह भी तो हो सकता है कि संगम गंगा, यमुना, सरस्वती, लैला और शिरीष की धाराओं का समागम हो। मेरी चेतना रुँधने लगी। उस समय मेरा दम बुरी तरह से घुटने के बाद भी मुझे यही लगा कि कोई किसी भी तरह से मेरे पास के थोड़े-बहुत बचे ऑक्सीजन की जल्दी से हत्या कर-करवा दे। लेकिन तभी मुझे शिरीष दिखाई दिया और मैं ऑक्सीजन की हत्या पर उतारू हत्यारे से मिन्नतें करने लगी कि छोड़ दो, मैंने अभी प्यार ही कितना किया है। लेकिन हत्यारों ने कभी कोई मिन्नत सुनी है जो मेरी सुनते। मेरे ऑक्सीजन की हत्या कर दी गई। मेरा हाथ यमराज अपने हाथों में लेने ही वाला था कि शिरीष ने मुझे बाँहों में भर लिया। फिर मैंने आग पानी और हवा के समानान्तर खड़े होकर उसी संगम पर गुफ्तगू के लहजे में कहा, "ऑक्सीजन से ज़्यादा ज़रूरी है शिरीष इसलिए मैं बिना ऑक्सीजन के भी ज़िन्दा हूँ।"

उन दिनों फ़ेसबुक नहीं था और अपना स्टेटस शेयर करने की आह ऑरकुट पर उपलब्ध नहीं थी इसलिए शिरीष ने अपने चौवन दोस्तों को मैसेज किया था, "संगम पर जो सरस्वती के अलावा एक और धारा नहीं दिखाई दे रही है वो लैला है। फिर जब फ़ेसबुक का चलन हुआ तो उसने अपने उन्नीस

सौ नब्बे दोस्तों के फ्रेंड समूह वाले अपने एकाउंट पर वही स्टेटस शेयर किया, "संगम पर जो सरस्वती के अलावा एक और धारा नहीं दिखाई दे रही है वो लैला है।" काल के अन्तराल के बाद भी लैला के बारे में यह स्टेटस बदला नहीं था लेकिन कुछ चीज़ें ज़रूर बदल गई थीं। खैर उन्नीस सौ नब्बे दोस्तों में से बमुश्किल दस दोस्तों ने इस स्टेटस को लाइक किया था, ध्यान रहे यह वही स्टेटस था जिसको सुनाने के लिए संगम पर दुनिया को बुलाया गया था और जिसे सुनने के बाद दुनिया इतनी रोमांचित हुई थी कि इससे पहले बस एक बार ऐसे और हुई थी जब मीरा शिरीष के प्रेम में गली-गली भटकते हुए शिरीष-शिरीष गाया करती थी और उसे जहर दे दिया गया था।

बहरहाल, मैं किसी को कैसे बताऊँ कि शिरीष से प्रेम करने में प्रेम के अलावा किसी डाह के लिए कोई छुट्टी ही नहीं है। और इस डाह की आह अपनी लताफत से इतनी रंगीन है कि कोई क्यों किसी और अहसास में बसर करे। खैर अभी मैं शिरीष की निष्ठुरता वाली बात पर अटकी हुई हूँ इसलिए यहाँ यह कह के आगे बढ़ रही हूँ कि एक दिन शिरीष ने मेरे साथ अपने आख़िरी के दिनों में कहा था कि हर आदमी योद्धा क्यों नहीं होता है अगर ऐसा नहीं हो सकता तो जो योद्धा हैं वे भगोड़े बनने से पहले मर क्यों नहीं जाते हैं। इसलिए कुछ और बातें।

वो चैत की पुरवा नमी वाले दिन की कोई शाम थी। शिरीष के भैया किसी जल्दी में कोर्ट से लौटकर आए और शिरीष को अपने कमरे में बुलाया। भैया की आसान से आसान बुलाहट पर भी शिरीष मामले को हल्का बनाने के लिए भाभी को साथ में ले लेते फिर तो आज कुछ गम्भीर ही लग रहा था। भाभी के साथ शिरीष अपने भैया के कमरे में गए। भैया ने शिरीष को देखा और अपनी पत्नी से कहा कि तुम जाओ, मुझे शिरीष से बात करनी है। भाभी जाने के बजाए इस भाव से वहीं बैठ गई कि मैं भी तो सुनूँ कौन सी ऐसी बात है जो मेरे बग़ैर होने वाली है। भैया समझ गए कि मैं सख्त नहीं हुआ तो इस बार भी शिरीष के पक्ष में ही बातें बदल जाएँगी इसलिए अपनी पत्नी से मुखातिब हुए, "शिरीष इस हफ्ते के आख़िर तक इलाहाबाद शिफ्ट हो जाएगा। मैंने इसके रहने के लिए अपने दोस्त से कह कर वहाँ कमरा सेट करवा दिया है। तुम

इसके कपड़े चादर वग़ैरह की पैकिंग कर देना।" फिर शिरीष की तरफ़ देखते हुए कहा, "और तुम भी अपनी किताब वग़ैरह की पैकिंग कर लेना।" शिरीष ऐसे भी उनकी बातों पर तुरन्त रियेक्ट नहीं करता फिर भी भैया को लगा कि हो सकता है रियेक्ट करे इसलिए उसके अनुमानित रिएक्शन के पहले ही अपनी बातों में एक बात और जोड़ दी–

"प्रिवियस तुम्हारा क्लियर हो ही गया है, फाइनल ईयर का एक्जाम दे देना। इस समय तो पटना यूनिवर्सिटी तक के लड़के ग्रेजुएशन में नाम लिखा कर दिल्ली, इलाहाबाद यूपीएससी की कोचिंग के लिए चले जाते है ऐसे में जैन कालेज के क्लास करने के नियम का क्या तुक। यहाँ तो ऐसे भी कुछ नहीं होता है।"

लेकिन हर बार की तरह भाभी इस बार भी चुप नहीं रहीं, "आप इतना जल्दी क्यों ऐसा कर रहे है। एक डेढ़ साल की तो बात है इलाहाबाद या दिल्ली कहीं भी जाएँगे तो पढ़ेंगे ही ना...? यहाँ रह के पढ़ ही रहे हैं!" भैया भाभी के बातों को पहली बार कुचलने की लालसा से भरे थे इसलिए भड़क गए, "कुछ नहीं पढ़ रहे हैं तुम्हारे बबुआ जी। इसकी सारी पढ़ाई बदले की भावना से भरी हुई है। जाकर इनका आलमारी देख लो। भूमिहारों का इतिहास पढ़ रहा है। आज भी भूमिहार की मिटिंग में गया था। जिन नरसंहारों को भुलाने के लिए हम गाँव के दो बिगहे के खेत अपना घर-द्वार बेचकर...जैसे-तैसे यहाँ शहर के बाहर शिफ्ट हुए है यह उन्हीं नरसंहारों में फिर से जाना चाहता है। अरे माँ मेरी भी माँ है। मैंने भी अपना भाई खोया है। बाबूजी ने अपनी पत्नी और बेटा खोया है। सब ने कुछ ना कुछ खोया है। और उस समय तो यह छोटा था दस साल का भी हुआ होगा कि नहीं इसे तो कुछ याद भी नहीं होगा फिर भी माँ... माँ...भैया...भैया...किए रहता है। मैं जानता हूँ माँ और भाई को इसलिए याद नहीं कर रहा है कि इसे वे याद आ रहे हैं। इसलिए कर रहा है कि इतिहास पढ़ रहा है। जिस ज़मीन की लड़ाई में उलझना चाहता है उसमें बहुत घाल-मेल है। और यह अच्छे से जानता है। दिन रात यही सब पढ़ रहा है। मैं बहस नहीं करना चाहता। बहस करूँ तो क्यों? यह यूपीएससी की तैयारी कर रहा है और इसके लिए इलाहाबाद सही रहेगा। तुम इसे समझाओ और भेजो। अगर ये इलाहाबाद

चला गया तो मुझ पर तुम्हारा बहुत बड़ा एहसान होगा।"

भैया हाँफ रहे है और भाभी दंग हैं। शिरीष भाभी के पैरों को देख रहा है। भाभी के पैर ज़मीन पर है और उनकी साँसें भैया की गिरफ़्त में फिर भी भाभी साँस ले ही लेती हैं, "आप बिना मतलब परेशान हो रहे हैं। बबुआ जी सही से पढ़ रहे हैं। आप ही तो बता रहे थे कि एक दिन इनके हेड आप से इनकी तारीफ़ कर रहे थे और इनका नम्बर भी तो बहुत अच्छा आया है। मैं जानती हूँ चोरी होने के बाद भी ये चोरी नहीं करते। सब इनके मेहनत का रिजल्ट है।"

भैया बोले, "इसीलिए तो मैं भी कह रहा हूँ कि ये अपने आप को पहचाने। भूमिहारों का इसने ठेका तो नहीं ले रखा है। हमारे लिए, सब के लिए यही अच्छा है कि जो हासिल करना है पढ़ के ही करना है। खेतों से कोई उम्मीद नहीं रह गई है। वैसे अंब इसका खेत है कहाँ...? एक आइ ए एस बहुत कुछ बदल सकता है। चीज़ें बदल रही हैं। सब कुछ बदल रहा है।" इस बार शिरीष की नज़र भाभी के पैरों से अचानक हट गई, "इसी बात का तो दुख है कि सब कुछ बदल रहा है लेकिन सरकार और सरकार होती जा रही है।" भैया को भक्क मार गया था लेकिन आज वो रुकने वाले नहीं थे। भकुआए से बिना बोले भाभी की तरफ़ देखा और उन्हें दिखाया, "देखो कैसा रिजल्ट दे रहे हैं तुम्हारे बबुआ जी।" भाभी ने निरुत्तर होकर शिरीष को देखा और शिरीष ने भैया की तरफ़ बिना देखे बात को स्थगित किया, "मैं इलाहाबाद चला जाऊँगा।" भैया ने लम्बी साँस ली, भाभी उदास हो गई और शिरीष यह कहकर कमरे से बाहर चला गया, "मेरी माँ मरी नहीं है और ना ही मेरा बड़ा भाई खोया है। हत्या हुई है उनकी और दुनिया का सबसे बड़ा सच है हत्या।"

आगे मैं कुछ कहने से पहले यह बता देना चाहती हूँ कि दुनिया में अगर किसी को कहीं भी असहमति नहीं हुई होगी तो भी शिरीष से वो आराम से असहमत हो जाएगा फिर भी मैं उसकी बात करना चाहती हूँ क्योंकि मेरा ख़याल शिरीष के प्रेम से है इसलिए असहमतियों की बात सरकार, कोई और या जनता करेगी।

तुम कैसे जान गए/मैं उन हत्याओं को भूल जाऊँगा/तुम कुर्सी पर

बैठोगे और मैं खो जाऊँगा/मेरे राज्य के राजाओं/सावन में हत्याएँ बरसेंगी/भादो जश्न मनाएगा/मैं नई सदी की जनता हूँ/भ्रम में मत रहना कि मैं तुम से हिसाब मागूँगा/एक-एक हिसाब चुकाऊँगा/तुम झंडा फहराओगे और चुटकुले कहोगे/हिसाब की आग सब जला देती हैं/मैं बताऊँगा अगर राजा से कोई हिसाब चुका ले/जल के खाक हुई चीज़ें/फिर से अनमोल होकर वापस आ जाती हैं।

हालाँकि शिरीष ने ये पंक्तियाँ इलाहाबाद में रहने के बहुत दिनों बाद अपने दोस्तों के बीच सुनाई थीं लेकिन ये पंक्तियाँ उसी दिन की है जब उसे इलाहाबाद जाने के निर्देश जारी किए गए थे और वह भैया से राजाओं के बारे में कुछ कह नहीं पाया था। लेकिन अभी मुझे उसकी निष्ठुरता खटक रही है। शिरीष का आरा छूट रहा है और वो टिकट खिड़की पर खड़ा है। कभी-कभी पीछे मुड़कर आरा देखने की कोशिश करता है कि शायद आरा दिख जाए लेकिन लम्बी लाइन के सिवा उसे कुछ नहीं दिखता। फिर सोचता है टिकट अगर न लूँ तो पकड़ा जाऊँगा। फिर सोचता है पकड़े जाने के डर से टिकट ले रहा हूँ या जुर्म से बचने के लिए। आगे ख़ुद से कहता है कि अगर किसी नैतिकता की वजह से टिकट लेने का ख़याल है तो ले लो और किसी डर की वजह से ले रहे हो तो मत लो। शिरीष पर अभी डर का पलड़ा भारी है इसलिए वो टिकट नहीं लेता है और टीटी से पता कर उस बर्थ पर बैठ जाता है जो मुग़लसराय के बाद के किसी स्टेशन से रिजर्व्ड है।

शाम के सात बज रहे होंगे मुग़लसराय में टीटी अपना मौला तलाश करने निकले लेकिन अपने सबसे पाक और जहीन मौले जो किसी पत्रिका में डूबे हुए थे को छोड़कर उतर गए। शिरीष ने लम्बी साँस ली और इसी से पता चला कि वो डरा हुआ था। शिरीष सबसे ज़्यादा इसी बात पर बेचैन हो जाता है कि वो डर कैसे जाता है। इसीलिए वो मुग़लसराय उतर गया कि फिर से कोई टीटी टकरा जाए। लेकिन इसे इत्तेफाक ही कहिए कि शिरीष अपने दस साल के बेकारी सफ़र में शुरू के सात साल हार्ड कोर विदाउट टिकट चलने वालों में शुमार रहा फिर भी टिकट चेकिंग के लिए चर्चित मुग़लसराय में कभी हाथ नहीं आया।

स्टेशन से बाहर निकलने के लिए उसने लोकल रास्ता चुना यानी शार्ट कट जिस पर वहाँ के लोकल लोग आ जा रहे थे। यहाँ से प्लेटफॉर्म भी दूर हो गया था और इंजन की चटक लाइट भी। अचानक उसकी नज़र पगली-सी औरत को घेरे उस साबुत युवक पर पड़ी। युवक कातिल नज़रों से उन्मादी तेवरों के साथ उसे अपने पास बुला रहा था। उसकी बुलाहट में लठैती आवेश दहक रहा था। वह अपने पास बुला रहा था जबकि वह उससे बस इतनी दूर थी कि उसके साँसों की सरसराहट नहीं सुन सकती थी। वह एकदम पास बुला रहा था जहाँ वह उसकी साँसों के साथ देह की गन्ध को भी सुन सके। वह औरत पगली जैसी थी उसके बालों में धूल फँसकर जटा बन गई थी। उसको देखने से नहीं लगता कि उसकी चेतना में भय, हया और इज़्ज़त जैसे शब्द तैर रहे होंगे। वह इन सारे शब्दों को अपने छाती में समेटती हुई काँपते हुए पाँवों को बढ़ा रही थी। युवक को देखती हुई उसकी आँखें भय की अथाह याचना पर टिकी थी और युवक की आँखें किसी बूढ़े पेड़ के बड़े खोह में बैठे उल्लू की डरावनी आँखें जैसी लग रही थीं। ज्यों ही वह युवक के पास गई युवक ने लोगों से भरे हुए उस पथ पर, तेज़ी से चलते हुए उस रास्ते पर इत्मीनान से उसकी छाती पकड़ ली। ठीक इसके विपरीत वह किसी इलेक्ट्रानिक खिलौने की भाँति फटाक से कुछ क़दम पीछे हो गई। फिर क्या था युवक ने दो क़दम बढ़ाया और तड़ से एक थप्पड़ जड़ दिया। अचानक लोगों की चालें तेज़ हो गईं। जल्दी घर पहुँचानेवाला रास्ता आतताई राह में बदल गया। ऊँची हील की सैंडिल पहनी लड़कियों-औरतों के पैर तेज़ी से चलने में मुड़-मुड़ जाते। लोग अपने बच्चों को घसीटने लगे। घसीटते जा रहे बच्चों के हाथों से कोई खिलौना, पानी की बोतल छूटती तो उन्हें थप्पड़ पड़ते और पीसते हुए दाँत से झिड़की भी कि चलो घर पर बताते हैं।

शिरीष के होश उड़ गए तभी तो जब वह उस युवक के पास से गुज़रा तो न जाने कौन-सी धक से उसका बैग सँभालते-सँभालते भी हाथ से छूटकर ज़मीन पर आ गया। उसकी इच्छा हुई कि वह भी बैग उठाकर सरसराती हवा की तरह बह जाए लेकिन उसे अपना वजन बैग से हल्का जान पड़ा। उसे लगा कि उसे कोई भी ढो सकता है। युवक की आँखें कह रही थी चुपचाप निकल

जाओ वरना। वरना के बाद क्या–शिरीष ने ऐसा ही सोचा और उसके सामने बचपन के नरसंहार का वो दृश्य खोपड़ी और सीने के ख़ून में बहने लगा। तभी फिर से युवक चीख़ा, "निकल रहे हो..." इतना कहना था कि शिरीष की रौंदी जा चुकी धड़कन अचानक से जाग उठी। वह अपनी पतली मूँछ के दोनों हिस्सों पर दाहिने हाथ की तर्जनी उँगली को बारी-बारी से रगड़ने लगा। युवक को यह बात नागवार गुज़री और चीख़ने लगा। चीख़ एक भय पैदा कर रही थी और भय ने ही शिरीष को ज़िन्दा रखा है। "मैं नहीं जाऊँगा" के उद्घोष के साथ शिरीष अपने हाथ-पैर फैला कर खड़ा हो गया कि कर लो जो करना है। फिर क्या था, ना जाने कहाँ से दो और प्रकट हुए और लातों-घूसों का प्रहार करने लगे। उनका प्रहार इतना तीक्ष्ण था या फिर शिरीष का प्रहार इतना कमजोर था कि वह मार खा ही गया। बगल के चाय-पान की दुकान वालों ने शिरीष को अलग किया। शिरीष की यह पहली चोट थी जो उसे भूमिहार होने की वजह से नहीं मिली थी और चोट देनेवाले की जाति नहीं दिख रही थी।

"जाओ और बाघों से कह दो कि वे घास खाना सीख जाएँ नहीं तो ख़त्म हो जाएँगे।"

इलाहाबाद की गाड़ी में बैठने के साथ ही उतरने के बाद भी कई दिनों तक उसको अपनी ये मार खानेवाली मर्दाना कमजोरी चिढ़ाती रही। वह शीशे के सामने जब भी जाता उसकी गठीली उभरी हुई छाती उस औरत की लुंज-पुंज छाती से संश्लेषित हो जाती जो मार खाई पर रोई नहीं। उसे अपनी छाती रास नहीं आ रही थी और योद्धा बनने की सम्भावनाओं पर पानी फिर रहा था। गाँव से आते-जाते वक़्त मुग़लसराय ज़रूर उतरता और उसी रास्ते पर उस युवक को देखता कि कहीं दिख जाए। मुझे उसकी इस बात पर कुछ हँसी भी आई थी और थोड़ा दुख भी हुआ था। इसलिए मैंने पूछा था कि अगर वह आदमी तुम्हें मिल जाता तो क्या करते...? उसने अपनी आदत के अनुसार जिसे लोग बेमतलब की बात कहते थे, वह मेरे लिए कई मायनों का एक वाक्य था, "मैं नहीं जानता कि क्या करता लेकिन इस बार वो मेरा कुछ नहीं कर सकता था।" मैं इस पर कुछ और कहती कि उसने खड़े होकर अपनी पैंट झाड़ी और मेरा

हाथ खींचते हुए कहा चलो चल के चाय पीते है। मुझे हँसी आ गई। जब बात कर रहा था तो ऐसा लग रहा था कि किसी का ख़ून पी जाएगा और अब इतना रिलेक्स होकर चाय पीने के लिए कह रहा है। इतनी जल्दी किसी का मूड कैसे बदल सकता है। उसने मेरे हँसने का कारण पूछा तो मैंने अपनी हँसी वाली बात छिपा दी और कहा कि तुम चाय पीने के लिए इतना ख़ुश होकर कहते हो जैसे शराब पीने जा रहे हो? (शिरीष को जब मैंने देखा नहीं था तब की ये बात है। आनन्द भवन के सामने सबद दुकान के पास से मैं जा रही थी तो एक दढ़ियल लड़के से सुना था जो अपने दोस्त से कह रहा था) इस पर उसने मुस्कराकर कहा था, "चाय पीने के लिए कहूँ तो बकइती नै किया करो।" फिर चाय लेते हुए कहा था। शराब वाकई में ऐसी होती होगी...? मैंने उसकी चाय को दिखाते हुए कहा था, "चाय लिए हो चाय पीओ।"

चाय पीने के थोड़ी देर बाद ही फिर वह किसी सोच में डूब गया था। मेरे रहते हुए वो कहीं और डूबता तो मुझे ख़ुद पर झल्लाहट होने लगती, अपमानित-सा महसूस करती और कभी-कभी तो अपने वजूद को खोजने लगती। कुछ ऐसे ही बोध से तंग आकर कहा, "मैं जा रही हूँ।" इस पर वह बिना कुछ सोचे, मानो वो मेरे जाने की प्रतीक्षा कर रहा हो, बोला, "जाओ और बाघों से कह दो कि वे घास खाना सीख जाएँ नहीं तो ख़त्म हो जाएँगे।" मैंने सोचा कि वो मज़ाक़ कर रहा है लेकिन शायद उसे अभी भी अपना होना रास नहीं आ रहा था।

मैं अगले दिन उसके कमरे पर गई तो पेट के बल लेटा हुआ कुछ लिख रहा था। मैं उससे कुछ कहूँ उससे पहले दीवाल पर मेरी नज़र गई—"जाओ और बाघों से कह दो कि वे घास खाना सीख जाएँ नहीं तो ख़त्म हो जाएँगे।" मतलब उसने कल वाली लाइन को लिखकर अपने कमरे की दीवाल पर चिपका दिया था। इसके बाद उसकी बेचैनी की हद तक जाने वाली बेचैनी कमतर होती गई। तब से ही जहाँ भी उसे कुछ रास नहीं आता लिख देता डायरी पर दीवार पर कहीं भी जहाँ इच्छा हो। शिरीष भले ही उस चोट को भूल गया था लेकिन उसने अपनी माँ को याद करना नहीं छोड़ा था। माँ की हत्या हुई थी इसलिए हत्या का सच उससे छूट नहीं रहा था तभी उसको रजनीगन्धा दिखाई

पड़ी और उसे हत्या से इतर एक और सच की झलक मिली।

रात ढलती है रात के साथ ही/दर्द दर्द के साथ पिघलता नहीं जमता है/सुबह को छेड़ो ना छेड़ो/सुबह खिलेगी और अच्छी लगेगी/लेकिन सबकी सुबह/सुबह के साथ कहाँ होती है?

इलाहाबाद में शिरीष की पहली रात में चोट से कहीं ज़्यादा कुछ टूटना था लेकिन थकान और नींद भी तो कोई चीज़ होती है। इसलिए अलसुबह जब चाँद अपने देश जा रहा था तो कोयल की कूक से शिरीष को इस जगत का आभास हुआ। खुमारी ज़्यादा थी इसलिए वो आँखें नहीं खोल पा रहा था। उसे तनिक भी अहसास नहीं हुआ कि वह अपने घर की छत पर नहीं सोया है और उसके बगल के बगीचे से कोयल की आवाज़ नहीं आ रही है। रोज़ की तरह वह आज भी जगने से पहले हल्का-हल्का रोमांचित होता है। वह आँख खोलने का मन बनाता है लेकिन घर के आँगन से बरतन की खटपटाहट के साथ भाभी की चूड़ियों की खनखनाहट सुनाई नहीं पड़ती। पलांश में उसकी चेतना वापस लौटती है और वह उदासी के भँवर में चला जाता है। एक-एक करके उसकी चोटें उभरती हैं और कोयल भी व्यस्त फ़ोन की तरह टों-टों–टों...के स्टाइल में कू-कू-कू...करते हुए एकाएक तेज़ हो जाती है। इसके साथ ही उसके सर की चक्करघिन्नी भी इतनी तेज़ हो गई कि वह फुर्ती से बिस्तर से उठा और छत के किनारे एक नाली के पास उल्टी करने लगा। उल्टी करने के बाद सर हल्का ज़रूर हुआ था लेकिन भीतर की खिन्नता अभी भी पीब की तरह गन्धा रही थी। वह किसी तरह से बिस्तर के पास जाना चाहता था लेकिन हिम्मत लगातार मात खा रही थी। वह वहीं छत की रेलिंग के सहारे सर को हाथों में डुबा कर ख़ुद को टिका देता है लेकिन कितनी देर तक। उसके पैर काँप रहे हैं। वो बिस्तर तक जाने के लिए सर को उठाता है। फ़िर से कोयल की आवाज़ सुर पकड़ लेती है और सामने के घर की बॉलकनी पर एक लड़की स्लीवलेस टॉप में पढ़ते हुए टहलती दिखती है। शिरीष बिस्तर पर नहीं जाता है। उसके पैर काँप रहे है फिर भी उसे लगता है लड़की पढ़ नहीं रही है। उसके हाथों में किताब नहीं फूलों के गुच्छे हैं और वो टहलते हुए फूलों से बातें कर रही है।

लड़की दोमंजिले की बॉलकनी पर थी और शिरीष दूसरे मंज़िल की छत पर इसलिए वह लड़की का छोटा हाफ पैंट और नंगा पैर भी देखता है और हिम्मत जुटा ले तो वह पाँव की अँगुलियों के नाख़ून की लम्बाई भी देख सकता है फिर भी वो बेफ़िक्री से फूलों से बतियाती हुई लड़की को देख रहा है। लेकिन घूरती हुई नज़रों से देर तक बेफ़िक्र भी तो नहीं रहा जा सकता। लड़की की नज़र अनायास ऊपर उठती है और शिरीष सायास अपने चेहरे को शुतुमुर्गी स्टाइल में पहले की तरह हाथों में सर को गड़ाकर रेलिंग पर टिका देता है। फिर भी शर्मिंदगी की शीत धुन्ध छोड़ते हुए दोनों को ढँक लेती है। वह सोचता है वह भी क्या सोचेगी कि कब से वह उसे निहार रहा है पर वह सोचती कम है इसलिए झेंप कर रह जाती है।

शिरीष वैसे ही अपने चेहरे को छुपाए टिका है और लड़की बॉलकनी से कमरे और कमरे से बॉलकनी में आ जा रही है कि अकेले रहनेवाले चौधरी अंकल के यहाँ कौन आ गया है। उनके लड़के तो विदेश में रहते हैं जिनके बच्चे अभी बहुत छोटे-छोटे हैं। लड़की का अन्दर-बाहर करना और बढ़ जाता है जब देखती है कि लड़का अभी तक वैसे ही रेलिंग पर चेहरा छुपाए टिका है। लड़की परेशान हो जाती है कि आधे घंटे से यह लड़का ऐसे क्यों पड़ा है। वह तुरन्त अपनी सहेली को फ़ोन करती है। सहेली बातें सुनकर मजा लेती है, "तूने ऐसा क्या दिखा दिया कि एक ही बार में बेहोश हो गया।" इस पर लड़की हँसती है और इसी ऐन वक़्त पर सूरज की पहली किरण शिरीष की देह पर बरसती है तो उसे लगता है कि लड़की अब तक फारिग-सारिग होकर नाश्ते के लिए जा चुकी होगी इसलिए वो धीरे से सर उठाकर बॉलकनी की तरफ़ देखता है, और बॉलकनी पर खड़ी लड़की इस बार फूलों से बतियाने की बजाए शिरीष को देखते हुए अपनी सहेली की बात पर फूलों की तरह हँसती है। हँसी की बात भले ही सहेली की बात हो लेकिन इसमें लड़का शामिल है। इसलिए लड़का जब सीढ़ियों से उतरता है तो लड़की को लगता है कि धीरे-धीरे वह सूरज की तरह डूब रहा है। लड़के को लड़की का रिस्पॉन्स अच्छा लगता है और उसकी दंश स्मृतियों में भीगी सी गुदगुद होती है। शिरीष को लगता है कि यह सुबह उसके भविष्य में शामिल है।

अगले दिन शिरीष ने अपने कमरे में फैन लगवा लिया था इसलिए उसे छत पर सोने का कोई ख़ास कारण नज़र नहीं आ रहा था। हालाँकि सोचता रोज़ था लेकिन यह सोचकर ख़ुद को मना लेता था कि बात सुबह की है और सुबह में तो वह ब्रश करते हुए भी छत पर टहल सकता है और फूलों से बातें करती हुई लड़की को देख सकता है। लेकिन या तो उसकी नींद, दिन चढ़ने पर ही खुलती या भिनसारे से पहले। भिनसारे से पहले खुलती तो सोचता कि थोड़ी देर और सो लेता हूँ फिर थोड़ी देर ज़्यादा देर में बदल जाती। फिर खैनी मलते हुए छत पर जाता तो लड़की नदारद रहती लेकिन फूलों के अक्स इतने लहलहाए हुए दिखते की वह ओह कहकर अपना माथा पीट लेता कि आज फिर लेट हो गया। एक कचोट लिए फ्रेश होने जाता तो उसे याद आता कि आज भी टूथपेस्ट लाना भूल गया है फिर निखालिश ब्रश को दाँतों पर रगड़ता और चाय पीने के लिए निकल जाता। इसी में सप्ताह भर बीत गया तो उसे अहसास हुआ कि दाँतों पर कुछ जाले बन रहे है। इसलिए आज मुँह धुलना स्थगित कर दिया कि आज पेस्ट लाऊँगा तभी मुँह धुलूँगा और पेस्ट लेने निकल गया।

जनरल स्टोर पर गया तब उसे मालूम चला कि पहली सुबह के बाद के दिन ऐसे नहीं गए है। कोई सूत्र है जिसने सातों दिनों को एक में पिरो के रखा है। आज इलाहाबाद में उसकी पहली सुबह का सातवाँ दिन है। लड़की भी जनरल स्टोर से साबुन के साथ टूथपेस्ट ले रही थी। लड़के ने इसे बड़ा संयोग समझ लिया और लड़की से तुरन्त सवाल किया, "आप भी सात दिनों से बिना पेस्ट के ही मुँह धुल रही है।" लड़की फिर झेंप गई तो उसने मामला सँभालने के लिए कहा, "मेरा मतलब था। मुझे आए हुए सात दिन हो गए और मैं रोज़ इसे (लड़की द्वारा ख़रीदी हुई पेस्ट को दिखाते हुए) भूल जाता हूँ।" लड़की को अपनी समझ पर फख्र था इसलिए वो समझ गई, "आपने अच्छा पकड़ा है लेकिन ये देखिए मैंने साबुन भी लिया है सात दिनों से मैं बिना साबुन के ही नहा रही थी।" इस बार लड़का झेंप गया, "सॉरी मेरा ये मतलब नहीं था। मुझे ऐसा नहीं कहना चाहिए था।" लड़की ने 'इट्स ओके' को दो बार बोला और अपना सामान लिए लड़के का इन्तज़ार करने लगी कि वो अपना सामान ले ले। लड़की के रुख से लड़का घबरा गया कि अब ये क्यों रुकी हुई है। वह

ये सोच कर बाक़ी ग्राहकों के चले जाने का इन्तज़ार करने लगा कि तब तक लड़की चली जाएगी। उसको खड़े देखकर लड़की उससे मुखातिब हुई, "क्यों आपका पेस्ट अभी नहीं मिला?" इतना सुनते ही लड़के ने घबराते हुए पहले पैसा निकाला और दुकानदार के सामने रख दिया कि एक पेस्ट दे दो। लड़के ने पेस्ट और बचे हुए पैसे ले लिए तो लड़की ने कहा, 'चलिए।' इस पर शिरीष को ग़ुस्सा आ गया लेकिन वह तय नहीं कर पाया कि ग़ुस्सा ख़ुद पर आया है या लड़की पर इसलिए चुपचाप लड़की के साथ चल दिया।

लड़का सोचता बहुत था इसलिए फिर से अपने किए को रिग्रेट किया, "मैं समझता हूँ इस तरह से किसी अपरिचित से बात नहीं किया जाता वो भी लड़की से।" लड़की सोचती कम थी इसलिए लड़के को रिलेक्स किया, "आप इस तरह की बातें नहीं करते तो मुझे कैसे पता चलता कि आप सात दिनों से बिना पेस्ट किए मुँह धुल रहे हैं।"

लड़का–आपने कुछ ज़्यादा ही दिल पर ले लिया है।

लड़की–सही में सात दिन ही हुए हैं?

लड़का–सीरियसली...देखिए मैं फिर सॉरी बोल रहा हूँ।

लड़की–आप आई लव यू भी बोलेंगे तो भी मैं सीरियसली लूँगी।

लड़का छत की रेलिंग तलाश रहा है जहाँ वो अपने हाथों में अपना सर छुपाकर ख़ुद को टिका ले लेकिन उसके सामने लड़की थी, "आप ग़लत समझ रही हैं। वह बस इत्तेफाक था कि मेरे मुँह से निकल गया।"

लड़की–मैं समझ सकती हूँ। आपका ख़याल ग़लत होता तो आप मुझ पर आँख दबा सकते थे, मेरे कमर पर हाथ मार सकते थे। कुछ ना हुआ तो पीछे से मेरे बालों को छू सकते थे, सीटी दे सकते थे या फिर कोई भद्दा इशारा कर सकते थे।

लड़की के इस तेवर पर लड़के को अपना माथा पीटकर वहीं बैठ जाना चाहिए था लेकिन लड़का मामूली नहीं था। वो माथा पीटकर बैठा लेकिन अपने भीतर ही और जब झटके से अपने भीतर से बाहर निकला तो तय कर लिया कि इस बार उसे लड़की पर ही ग़ुस्सा आ रहा है, "मुझे नहीं पता था कि मेरी बातें आपको इतनी लग जाएँगी। कोई ज़रूरी तो नहीं कि सारी अनौपचारिक

बातें सिर्फ़ परिचितों से ही की जाएँ।" लड़की के होंठ अपने कोरों से फिसल रहे थे मगर लड़की लड़के को जानती थी इसलिए उसे अपनी भौंहों से गुस्ताखी करना अच्छा लगा, "वही तो...अपरिचितों को हम किसी और ग्रह के प्राणी मानने के लिए शापित तो नहीं है।" लड़के की भौंहे तन गई थी, "मैं बात इतनी दूर की भी नहीं कर रहा हूँ।"

लड़की–आप चौधरी अंकल के रिश्तेदार है?

लड़का–उनका किराएदार हूँ।

लड़की–मेरा नाम रजनीगन्धा है। इस पर लड़का खामोश हो जाता है लेकिन तिरछी नज़र से लड़की के ग़ुस्से को ताड़ने की कोशिश कर रहा है।

लड़की–मेरा नाम आपको अच्छा नहीं लगा।

लड़का–जी मैं ठीक से सुन नहीं पाया।

लड़की–क्या...?

लड़का–सॉरी...एक बार रिपीट कर दीजिए।

लड़की–रजनीगन्धा।

लड़का–जी आपका ये पूरा नाम है...?

लड़की–मतलब...?

लड़का–मेरा नाम शिरीष उपाध्याय है।

लड़की–ओह तो आप पंडिज्जी है?

लड़का–जी नहीं भूमिहार।

कम सोचने वाली रजनीगन्धा पहली बार सोच में पड़ गई थी और अपनी सोच पर इतरानेवाले, हमेशा अपनी जातीय पहचान बतानेवाले शिरीष को पहली बार अपनी जाति का ज़िक्र खटक गया था। वह चाह रहा था कि लड़की से सॉरी बोलते हुए कह दे, "आप को बुरा लगा होगा मगर जिस समाज में जाति के नाम पर हत्याएँ हो रही हैं। मेरे ख़याल से उस समाज में जाति छुपाने का मतलब डरना हुआ और मुझे डरने से बहुत चिढ़ है।" लेकिन वह एक बार अपनी सॉरी का हश्र देख चुका है। इसलिए वह ख़ुद को चुप रखना ही बेहतर समझता है। उसकी चुप्पी खटक रही थी और लड़की की सोच पूरे माहौल को बोझिल बना रही थी। लड़का कुछ और कह के हवाओं को हल्का करना चाह

रहा था लेकिन उसकी नज़र नीचे थी। लड़की चुपचाप चली जा रही थी और वह उससे थोड़ा पीछे-पीछे चल रहा था। मतलब लड़की जहाँ पहला क़दम रखती लड़का वहाँ अपना दूसरा या तीसरा क़दम रखता। धीरे-धीरे लड़के को लड़की के पैरों में आसमान के रंग दिखने लगे। तब तक लड़की ने पास की सीडी की दुकान पर बज रहे गाने की तरफ़ ध्यान दिलाया और चली गई। गाना फुल साउंड में बज रहा था, "दिल दे दिया है जान तुम्हें देंगे दगा नहीं करेंगे सनम।"

अगले दिन लड़की अपनी बॉलकनी की बजाए छत पर आ गई थी और लड़का खिड़की से बॉलकनी का सिरा तलाश रहा था लेकिन किराए के कमरे का वास्तुशास्त्र ही ऐसा था कि उससे लड़की के घर की एक शीशेदार खिड़की के सिवाय कुछ नहीं दिखता। फिर खैनी मलते हुए छत पर गया तो उसके ठिठकने से जल्दी उसके हाथ ठिठक गए जैसा कि अक्सर छुपाकर खैनी खानेवालों के साथ होता है। लड़की का चेहरा उसकी तरफ़ था लेकिन नज़र कहीं और थी इसलिए उसने दोनों हाथों को अलग करके खैनी को मुट्ठी में बन्द कर लिया फिर लड़की की तरफ़ पीठ करके घूमने लगा कि मैंने तो कुछ देखा ही नहीं और उसने भी कैसे देखा होगा रेलिंग की आड़ में। लेकिन चोर की दाढ़ी में तिनका भी तो कोई बात है। लड़के ने एक काग़ज़ का टुकड़ा उठाया और इस फ़ोकस के साथ कि लड़की उसे देख ले और काग़ज़ को दोनों हथेलियों के बीच ऐसे पूरने लगा जैसे उसकी भाभी पूजा की बाती बनाते हुए रुई को पूरती है। फिर उसे हथेलियों के बीच रख के खैनी की तरह मसलने लगा। लेकिन लड़की लड़की थी। उसे लड़के को जानना आता था। चूँकि दोनों घरों के बीच दस फिट की गली थी इसलिए लड़की को थोड़ा तेज़ आवाज़ में बोलना पड़ा, "मैंने कुछ नहीं देखा था आप झूठे काग़ज़ की जान निकाल रहे है।" इतना कहने के बाद लड़की को चाहिए था कि वो ठठाकर हँसे लेकिन लड़की तो लड़की थी। साइलेंस उसको परिवेश में मिला था इसलिए यहाँ पर उसने अपने साइंलेस को साध लिया था। बात बात की थी इसलिए लड़का भी तो लड़का ही था, ठठाकर हँस दिया था। हँसी अन्दर की नहीं थी इसलिए जोर की उठी हँसी छू हो गई। अब बात की बारी थी, "कभी-कभी चलता है। अकेले

का बहुत सच्चा और सादगीवाला साथी है।" लड़की को लड़के के चारों शब्द सच्चा, सादगी, साथी और अकेला भी बहुत अच्छा लगा था। लड़की इन शब्दों को आगे बढ़ाना चाहती थी लेकिन परिवेश ने उसे दीवार भी दी थी। बॉलकनी से लड़की की माँ चिल्लाई, "रजनी...लेकिन इस बार की लड़की रजनीगन्धा थी। इसलिए माँ की चिल्लाहट का जवाब देने की बजाए लड़के से यह कहकर चली गई कि कोचिंग का लेट हो रहा है कटरा जाना है।

लड़का भी उधर ही ममफोर्डगंज में अपनी कोचिंग के लिए जाता था। लेकिन अभी वह यह सोचकर कुछ कह नहीं पाया कि लड़की समझेगी कि लड़का पीछा कर रहा है। फिर भी उसे यही अच्छा लग गया था कि रजनीगन्धा शहर की उसी दिशा की तरफ़ पढ़ने जा रही है जिस तरफ़ उसे भी जाना है। लड़का पहली बार कुछ अपनी ज़िन्दगी के बारे में सोचता है कि इलाहाबाद की पहली सुबह कहीं उसके भविष्य का मॉडल तो नहीं है!

वह जल्दी में तैयार होता है कि वह लड़की के घर से निकलने से पहले निकल जाएगा नहीं तो लड़की से फिर मुलाक़ात हो जाएगी तो वो इसे पीछा करना समझेगी। वो ऑटो का इन्तज़ार कर रहा था कि लड़की पूरी स्पीड से अपनी स्कूटी लिए चली आ रही थी। लड़की को देखकर लड़का तेज़ी से घूमता है और उसके हाथ से धर्म दर्शन की मूल समस्या वाली किताब छूट जाती है। किताब का छूटना एक दृश्य उत्पन्न करता है और लड़की उस दृश्य को अपनी रफ़्तार के साथ भी देख लेती है।

शिरीष पीछे बैठा हुआ है और सोच रहा है कि मुझे अपनी जाति के बारे में ऐसी बात नहीं करनी चाहिए थी। आख़िर ऐसी बातें करके अपना जातिवादी चेहरा ही तो दिखाया उसने? क्या वह सच में जातिवादी है? क्या वह जो सोचता आ रहा है उसमें उसकी अपनी उलझन है या फिर कुछ और बात। ऐसा नहीं था कि वह इन सवालों से पहली बार दो चार हो रहा था लेकिन आज उसे ना जाने क्यों लग रहा था कि वह सारा सवाल ख़ुद से नहीं उससे कोई और कर रहा है।

एक लड़की के साथ, उसके स्कूटी पर पीछे बैठकर जाने का यह पहला अनुभव था फिर भी वह इस अनुभव में शामिल नहीं हो पा रहा था। स्कूटी की रफ़्तार के साथ कैंट से गुज़रते हुए कतारबद्ध पेड़ों से निकलकर आती हवाएँ

भी उसके माथे से ढुलक रहे पसीने को रोक नहीं पा रही थी जबकि लड़की अपने पूरे मौजूँ के साथ पूरे भूगोल में मौजूद थी। इसलिए पीछे बैठे लड़के के साथ अपनी चुप्पी सही नहीं लगती है और बात शुरू करती है, "जब आपकी कोचिंग ममफोर्डगंज में है तो क्यों नहीं मुझसे बताए। मैं घर से ही साथ ले लेती आपको। आप कुछ उस तरह की बातें क्यों सोचते है?" शिरीष एकदम से अवाक हो गया कि उस तरह की बातों का क्या मतलब होता होगा। लेकिन बात "उस तरह की सोचने" की थी इसलिए सँभालता है...नहीं मैंने सोचा कि आप के पास गाड़ी नहीं होगी। लड़की को फिर सिरा मिल गया था, "हाँ तभी तो आपने अनुमान लगा लिया था कि सात दिनों से आप ब्रश नहीं कर रहे है तो मैं भी नहीं कर रही थी।" शिरीष को इस बार लड़की पर ग़ुस्सा आने की बजाए मजा जैसा आया था इसलिए उसके मुँह से निकल गया अब से दुबारा टूथपेस्ट वाली बात करोगी तो मैं तुम्हें गिरा दूँगा। लड़की अपनी हँसी रोकना चाह रही थी लेकिन हँसी में किसी अनजान रसायन का इतना स्राव हुआ कि उसकी हँसी ख़ुशी में बदल गई। वह ख़ुशी के मारे पागल हो रही थी जिसके एवज में उसने एक्सलेटर बहुत तेज़ घुमा दिया। लड़का फिर चिल्लाया "तुम मेरी जान लोगी क्या। मैं यहाँ मरने नहीं आया हूँ।" नहीं तुम मुझे गिराओगे न...गिराओ।" लड़की भी जोर से बोल रही थी। लड़का अपनी बात वापस लेने के लिए इसरार कर रहा है और लड़की उसे प्यार कर रही है स्कूटी की रफ़्तार और बढ़ाकर।

शिरीष स्कूटी से उतरने के बाद लम्बी साँस लेते हुए कहता है, "माफ़ करना मैं कल से आप के साथ नहीं आ पाऊँगा। मुझे फोकट में नहीं मरना।" रजनीगन्धा अपनी स्कूटी बढ़ाते हुए कहती है, "अच्छी बात है। मुझे भी किसी अनजान लड़के को अपने पीछे बैठाकर फोकट में अपनी बदनामी नहीं करवानी है।" शिरीष को लगता है कि उसे ग़ुस्सा आ रहा है। इसलिए ख़ुद से बड़बड़ाता है मेरा तो दिमाग़ ख़राब हो गया। कोचिंग से निकलने के बाद तक ख़ुद से दुहराता रहता है, "मैं कल से बात ही नहीं करूँगा। अपने मन से सब करती है फिर उलाहना भी देती है। मैं कुछ सोचता भी नहीं फिर भी कहती है कि आप उस तरह से क्यों सोचते हैं, बदनामी नहीं करवानी है। अरे कौन पीछे बैठ के जाने के लिए बेचैन है।" अपनी इस बात को दुहराते हुए वह अपने से

सवाल करता है कि क्या वह सही में उस तरह से नहीं सोचता? लड़की अपनी स्कूटी लेकर सड़क की भीड़ में खो चुकी है। वह अपनी कोचिंग के हाते में दाख़िल होता है और ख़ुद से कहता है जाने दो जो हुआ सो हुआ अब नहीं। ख़ुद को तैयारी पर फोकस करके मैं ज़्यादा ख़ुश रहता हूँ।

रजनी के लिए यह अच्छा इत्तेफाक ही रहा होगा कि उसकी तबियत चार दिनों के लिए थोड़ी-सी नासाज हो गई थी। चार दिनों तक लड़की को नहीं देख पाने की वजह से लड़का अपनी तात्कालिक सोच को कहीं पीछे छोड़कर यहाँ तक आ गया था कि आख़िर लड़की चली कहाँ गई! इसलिए लड़की को जब लड़के ने पाँचवें दिन देखा तो लड़का ख़ुश हो गया और थोड़ा सा उदास भी क्योंकि लड़की का चेहरा थोड़ा शुष्क-सा दिख रहा था। बहुत बाद में लड़के ने उन चार दिनों की नासाज तबीयत को इश्क का बुखार कहा था और तब लड़की को बुखार के वे चार दिन चाँदनी के हज़ार दिनों जैसे लगने लगे थे।

लड़का सोच रहा था कि आख़िर वह ये क्यों नहीं सोच पाया कि चार दिनों तक लड़की की तबीयत भी ख़राब हो सकती है। वो कहना चाह रहा था कि सॉरी आपका नम्बर मेरे पास नहीं था इसलिए मुझे पता नहीं चल पाया कि आपकी तबियत ख़राब थी। लेकिन उसके कहने से पहले लड़की ने फिर उस गाने की तरफ़ ध्यान कराया जो एक सीडी की दुकान से तेज़ अवाज के साथ आ रहा था..."दिल दे दिया है जान तुम्हें देंगे दगा नहीं करेंगे सनम।"

शिरीष–आपको यह गाना अच्छा लगता है?

रजनीगन्धा–यह सीडी वाला यही गाना सुनता है।

शिरीष–मतलब आप भी इसके गाने हमेशा सुनती हैं।

रजनीगन्धा–मैंने ऐसा नहीं कहा।

शिरीष–किसी पर गौर करना अच्छी बात ही है। वैसे भी जो सामने से प्यार का आह्वान कर रहा है उसे नज़रन्दाज करना भी तो ग़लत है।

रजनीगन्धा–मैं भी कुछ ऐसे ही सोचती हूँ।

शिरीष को ना जाने क्यों रजनी का ऐसा सोचना अच्छा नहीं लगा था। इसलिए चुप हो गया। आज दोनों एक दूसरे के समानान्तर चल रहे थे। लड़के का ध्यान लड़की के टखनों के नीचे के हिस्सों पर है। वह वही देखना चाहता

है क्योंकि यहाँ वह पूरी आज़ादी के साथ देख सकता है। लड़की ने घाघरे जैसी कोई चीज़ पहनी हुई है जो घुटनों के बराबर तरंग की तरह कटा हुआ है। फिर भी वह पैरों की अँगुलियों की सुघड़ शेप लिए नाखून को देखता है। वह नाखून के असली रंग और नेल पॉलिश के रंग में फ़र्क़ कर रहा था कि यह नेल पॉलिश का असली रंग है या नाखून का अपना रंग। वह उन अँगुलियों में डूब उतरा रहा था कि लड़की ने कहा कि शिरी तुम चलो मैं आती हूँ। लड़की सीडी की दुकान में चली गई थी और लड़का शिरीष से शिरी और आप से तुम होने के बारे में सोच रहा था। फिर जब घर आया तो लड़की के अचानक सीडी की दुकान पर चले जाने के बारे में सोचने लगा।

अगली सुबह शिरी छत पर जाने के बजाए डायरी लिखता है। डायरी में काफ़ी गुणा गणित करता है। उसे लगता है लड़की के साथ उसके संवाद मज़ाक़िया लहजे का हिस्सा भर हैं जिसको कि वह अपनी भाभी के साथ वक़्त-बेवक़्त पजाए करता था। इतनी जल्दी इतना उन्मुक्त वार्तालाप? निश्चित रूप से रजनीगन्धा कोई सामान्य लड़की नहीं है। या तो मनरखनी है या फिर दोस्तों की फेहरिस्त बढ़ाने की शौकीन शहजादी।

नहीं-नहीं इस तरह की शहजादी से उसका कोई वास्ता नहीं होगा। वह यहाँ किसी चक्कर में पड़ने नहीं आया है। उसे अपने भैया की नसीहत याद आती है, "बहरा में वही रह सकता है जो अपनी जीभ और जाँघ बचा कर रख सके।" लेकिन इनकार की हद तक जाते-जाते सारी नसीहत किसी भँवर में डूब जाती और वह और बेकरार हो जाता। वह अपनी बेकरारी के भँवर में इतना डूब जाता कि बस एक ही सवाल उसका पीछा करता कि आख़िर वह है कौन और हर बार यही जवाब देता कि जो भी हो क्या फ़र्क़ पड़ता है। वह अपनी हर भंगिमा से चाह रहा था कि वह वही हो जिसमें उसे उतरना है।

वैसे देखा जाए तो शिरीष का अनुमान सही नहीं था कि लड़की फ्रेंड्स बनाने की शौकीन शहजादी होगी या फिर कोई मनरखनी। मैं ख़ुद नहीं जान पाई थी कि मैं कैसी हूँ। मुझे लोगों से दोस्ती करने के साथ मिलना-जुलना अच्छा लगता था। मैं यहाँ यह भी कह रही हूँ

कि मुझे निषेध की कई बातें बेमानी सी लगती थी। ख़ासकर किसी प्राणी से तो निषेध का सवाल ही नहीं उठता। इसलिए साथ पढ़नेवाले लड़के-लड़कियों से मेरा घर भरा रहता। जो भी हो अब शिरी के लिए लड़की भी रजनीगन्धा से रजनी हो गई थी।

एक दिन शिरी ने रजनी को सीडी की दुकान पर देखा तो बहाना बनाते हुए चला गया कि उसे गजल की कोई कैसेट चाहिए। सीडी वाले के पास गजल की कोई कैसेट नहीं थी तो रजनी ने कहा कि तुम मेरे यहाँ से ले लेना। मेरे पापा गजल के बहुत शौकीन हैं। उनके पास ढेर सारे कैसेट पड़े हुए हैं। फिर रजनी ने सीडी वाले का परिचय चैम्पियन के रूप में करवाया। शिरी और रजनी आज फिर दुकान से घर के लिए साथ चल दिए थे। इस बार लड़की ने पूछा तुम हो कहाँ के? इतनी मुलाक़ातें और इतने ख़याल बनने-बिगड़ने के बाद लड़की थोड़ी अचरज में थी कि अब तक वह इस लड़के के बारे में इतना भी नहीं जान पाई है। लड़की को अपने इस सवाल, सवाल से उपजे अचरज से ख़ुशी होती है कि शिरी में कुछ वैसा तो होगा ही जो इस जानकारी के लिए भी इतना वक़्त ले लिया। जबकि तमाम बिहारियों की तरह लड़के को भी इस सवाल ने हिचका दिया था फिर भी कुछ शान मिश्रित भाव से उसने कहा, 'बिहार'।

रजनी–तो तुम भी लालू के फैन हो? इस पर शिरी के अन्दर कुछ झुलस सा गया था।

शिरी–लालू के फैन तो मुम्बई के हीरो-हीरोइन होते है जिन्हें लालू की कलाकारी में भोजपुर, जहानाबाद, लक्ष्मणपुर, बाथे, सेनारी, गया, बेलाउर नहीं दिखता है।

रजनी–बिहार को लेकर तो काफ़ी सीरियस हो।

शिरी–मैं सीरियस रहूँ ना रहूँ पर इतिहास की ग़लती को आनेवाला समय कभी माफ़ नहीं करता।

शिरी की भौंहे चढ़ गई थी और रजनी ने बात बदल दी थी, "तुम मेरे बारे में क्या सोचते हो...मतलब क्या ख़याल है तुम्हारा?" बिहार की बात उठने के बाद शिरी को लड़की का यह पूछना इतना चिढ़ा गया था कि उसने कहा, "सब कुछ तुम्हारे बारे में ही सोचता हूँ।" लड़की कुछ नहीं बोली। जब वे अपने घर

के नज़दीक गए तो लड़की ने उसके दाहिने हाथ की अँगुलियों में अपने बाएँ हाथ की अँगुलियाँ फँसाते हुए कहा, "कल से कोचिंग के बाद तुम भारद्वाज पार्क में आ जाना।" लड़के ने अपने हाथ पर चढ़े हुए लड़की के हाथ को देखा। ये भाभी के हाथ नहीं थे। फिर भी थामने का सजदा इनमें मौजूद था। लग रहा था नदी की लहरों पर चाँदनी मचल रही है। फिर सूखते गले से कहा, "कल से क्यों आज भी तो पूरा दिन बचा है।" रजनी के चेहरे पर मदहोशी की बारीक़ सी रेखाएँ ठहरने लगी थीं। शिरी उसे देखते हुए सर छुपाने के लिए किसी रेलिंग की तलाश में नहीं था। अपने-अपने घरों की तरफ़ जाते हुए दोनों एक-दूसरे को ऐसे देखे जा रहे थे मानो किसी निर्मल झील के निष्पन्द शीतल जल में साथ उतरने का वादा कर रहे हो।

अब शिरी कोचिंग से वाया भारद्वाज पार्क होकर आता था। आते ही डायरी खोलकर बैठ जाता। "ऐसा लग रहा है जैसा भटकते मन को सुनहरा दृश्य मिला हो। जैसे थार के भटकाव से बाहर निकल आया हूँ। मेरे अन्दर एक हलचल उठ रही है, एक तूफान जिसका उफान शायद कभी नहीं थमेगा। मुझे उसकी हर एक बात रास आ रही है फिर भी कुछ नहीं लिख पा रहा हूँ और ना ही लिखने की कुछ छटपटाहट हो रही है। मैं अपने अतीत से मुक्ति चाह रहा था। मैं जिन चीज़ों के लिए छटपटा रहा था उसमें अब ऐसा लग रह है कि उसका कोई एंगल और भी है। शायद उस एंगल में कुछ और छटपटाहट हो। सूरज पूरब से निकलता है और पश्चिम में डूब जाता है लेकिन ज़िन्दगी की दिशाएँ ग्लोब की दिशाओं की तरह सीमित नहीं है। कुछ और दिशाएँ हैं जिनकी ओर देखने पर भला-सा लगता है। भले ही उन दिशाओं से सूरज न निकलता हो लेकिन सूरज देखने की चाहत बनानेवाली दिशाओं का अस्तित्व कम तो नहीं है? कुछ तो अच्छा लग रहा है। कुछ तो मेरी छटपटाहट सहज लग रही है। कभी कभी तो ऐसा लगता है बस उसके संवादों को जेहन में उतारने की। अपनी लैला के रंग में रँग जाना क्या इतना घातक होगा जो उसके अस्तित्व से उसको बेदखल कर दे? ऐसा लग तो नहीं रहा! अभी तो ऐसा लग रहा है जैसे कि मेरे अस्तित्व से कोई पर्दा हटा रहा है। कल पार्क में नहीं गया तो आज रजनी ने फिर हिदायत देते हुए कहा था कोचिंग के बाद पार्क की तरफ़ नहीं

आओगे तो ठीक नहीं होगा। मैं पूछने वाला था कि क्या ठीक नहीं होगा लेकिन उसकी बातें मुझे इतनी अच्छी लगती है कि कुछ और कहने के बजाए उसकी बातों को जज़्ब करता रह जाता हूँ।"

शिरीष और रजनीगन्धा के मिलने का यह सिलसिला चला तो फिर दौड़ने लगा। यह उनके लिए वह दौर है जिसमें अच्छी-बुरी चीज़ों का पूरा ख़याल रखा जाता और कहीं से कुछ बुरा हुआ भी तो उसका कोई मतलब नहीं रहता। इस दौर में सिविल के लिए समर्पित शिरीष पर रजनीगन्धा के साथ इलाहाबाद भी अपनी रोशनी फेंकता या चुराता जिससे उसके भविष्य के मॉडल का गठन सुनियोजित न होकर इतना बिखरा-बिखरा कि एक फैलाव सा पसर गया। यहाँ के परिवेश में अब तक ऊँघ रही उसकी रास नहीं आई बातें कविता के रूप में रागिनी भी गातीं और कचोटती भी।

लेकिन बात उसी शिरीष की ही कर रही हूँ जो हत्या के सच या झूठ से अपना साया नहीं समेट पाया था। अभी भी उसे अक्सर सपना आया करता है कि वह पेट के बल लेटा हुआ है और बाघों के झुंड उसे घेर कर गर्जन कर रहे हैं। वह उनकी दहाड़ सुनकर ज्यों ही घूमने को होता, एक बाघ उसके दिमाग़ पर पंजा मार ही देता है। फिर भी वह ख़ून से लथपथ उस बाघ के मुँह को दोनों शिराओं से पकड़कर फाड़ देता है फिर और बाघों के मुँह में लाठी घुसड़ेता जाता है। लेकिन बाघ इतने ज़्यादा होते हैं कि वह थकने लगता है। ख़ून और पसीने से लथपथ जब वह एक सधा हुआ प्रहार एक बाघ के सर पर देने वाला होता है कि तब तक दूसरा बाघ अपना पंजा उसके सीने पर मार देता है और इसी ऐन वक़्त पर उसकी नींद खुल जाती है। वह हाँफते हुए उठता और घर के लोगों को देखने लगता कि सब ठीक-ठाक तो है ना। उसके बाद वह आगे की रात सपने के बारे में सोचते हुए काटता।

शिरीष का एम.ए. का रिजल्ट आ गया था। रिजल्ट अच्छा था लेकिन साल भर जिस बेतरतीबी से अपने को जाए किया कि उसे सिविल दूर की कौड़ी दिखने लगी थी। उसका आत्मविश्वास पूरी तरह से डोल गया था। एम.ए. के रिजल्ट के साथ एम.ए. के बाद अब क्या होगा वाली स्थिति आ गई थी। उधर उसकी भेजी हुई कविताएँ स्वीकृति की बजाए अस्वीकृति की छोटी

टिप्पणी लेकर आती थीं जिसमें अमूमन कुछ इस तरह से लिखा होता—"हमें आशा है आप अपनी रचना के प्रति सजग और गम्भीर होंगे।" मुझे पता था वे कविताएँ उसके एप्रोच की वजह से वापस आ रही थीं। फिर भी वह अपनी कविताओं की वापसी से दुखी नहीं होता। एक भोले बच्चे की तरह मुस्कराते हुए कहता, "मैं बहुत बुरा लिखता हूँ ना?" उसका भोलापन मुझे इस समय इतना भाता कि मैं कहना चाहती कि तुम और बुरा लिखो और भेजो और वापस आने पर ऐसे ही कहो कि मैं बहुत बुरा लिखता हूँ ना...लेकिन हर समय लिखने को लेकर उसे इतना परेशान देखती कि मेरा दिल बेदम हो जाता था और मैं कुछ कह नहीं पाती थी। उसकी डायरी इतनी काटकूट से भरी होती थी जैसे लगता था वह कविताओं की डायरी नहीं मैथ की कॉपी है।

मुझे नाटकों में जितनी रुचि थी उससे कहीं ज़्यादा रुचि शिरी को सिनेमा हॉल में जाकर फ़िल्में देखने में थी। हमारे बीच यही एक शौक था जिसको लेकर हम कभी कभी लड़ भी लेते थे। मैं फ़िल्में अकेले देखना पसन्द करती थी। सिनेमा हॉल में घुसते ही पता नहीं क्यों दम घुटने सा लगता जबकि नाटकों को थियेटर में देखने में ऐसा नहीं होता। वह हॉल में फ़िल्म देखने के लिए कई बार कह चुका था लेकिन मैं उसे अक्सर मना कर देती। इस वजह से चिढ़कर वह मेरे साथ नाटक देखने नहीं जाता। बहुत जोर देने के बाद उसे किसी तरह एन.सी.जेड.सी.सी. में नाटक दिखाने के लिए ले गई तब से वह एक शो भी नहीं छोड़ना चाहता था। अब उसने अपने शौक को नाटकों पर रिप्लेस कर दिया था फिर तो मैं भी उसके साथ निराला सभागार, हिन्दुस्तानी अकादमी, यूनिवर्सिटी के सीनेट हॉल, प्रयाग संगीत समिति में होनेवाली गोष्ठियों में जाने लगी।

मैं कुछ-कुछ साहित्य की बातें समझने लगी थी और जो मुझे समझ में आया था उससे यही निकलकर आया कि उन गोष्ठियों से लौटते हुए वह बेचैन हो उठता। ऐसा लगता उसकी सोच को कटघरे में खड़ा कर दिया गया हो। यह बात उसे रास नहीं आ रही थी। अगर साफ़ शब्दों में कहें तो उसका भूमिहार होना उससे छूट नहीं रहा था। वह हर गोष्ठी के बाद बौखलाते हुए निकलता और कहता इन लोगो की बातें पूरी तरह सही नहीं है। मैं मान भी लूँ कि सरकार

में सब मेरी ही जाति के भरे पड़े है बावजूद इसके सरकार का मुखिया तो हमारी जाति का नहीं था। वो भी तो उसी तबके से आता है। क्या रोल रहा है उसका। अब क्यों बातें नहीं कर रहा है? क्यों...क्यों...क्यों...क्योंकि उसे भी अब सामन्ती भाने लगी है। बहुत बड़ा गेम चल रहा है। कैसे एक सरकार के रहते हुए इतने सारे नरसंहार हो जाते हैं। सच कहूँ तो मेरे लिए ये बातें मेरी समझ से बाहर की थी। फिर भी इतना जानती थी कि वह एक पक्ष पर ज़्यादा हावी है। लेकिन मुझे जिससे मतलब था वह शिरीष था। इसलिए जब कहता कि उनकी बातें पूरी तरह सही नहीं है तो मैं कहती कि सही की बात ही कहाँ है पूरी तरह से ग़लत है। यहाँ मैं यह कहने से गुरेज नहीं करती हूँ कि मैं ये बातें शिरी को बहलाने के लिए नहीं कह रही थी। बस मेरा सच वह था जो शिरी चाहता था। मेरे ऐसा कहने पर उसके चेहरे पर शान्ति की बर्फ़ चमकने लगती और उस दिन वो मुझसे अपनी भड़ास के साथ ढेर सारी प्यार भरी बातें करता। उसके साथ मुझे भी लगता कि उसके अन्दर के जहर को मैं ही पी सकती हूँ। इस जहर को पीकर मैं ना जाने क्यूँ गुमान से भर जाती। ये बातें बहुत क्षणिक होती फिर भी यह क्षण इतना मोहक लगता कि रूह इन क्षणों में रुई की फाहे की तरह नरम हो जाती। लेकिन वह था कि किसी गुफा में भटकने के लिए लालायित था और मैं भी इस बात को झुठला देती कि मैं जहर पी रही हूँ। किसी दिन अगर उसके अन्दर के सारे जहर ख़त्म हो जाएँगे तब शिरीष कैसा होगा? यह सवाल धीरे-धीरे मेरे लिए एक स्वप्न बनता जा रहा था।

मैंने गौर किया कि उसका भटकना लगातार बढ़ता जा रहा है। रह-रह के अचानक कुछ-कुछ वाक्य बोल देता। उसकी सारी बातें विध्वंसक सोच की होती थीं या बेमतलब की होती थीं। जैसे एक दिन वह मेरी गोद में लेटा हुआ था। अचानक से उठ गया और कहने लगा, "कितना अच्छा होता दुनिया के सारे अन्न ख़त्म हो जाते।" मैं चिढ़ गई थी, "इससे तो अच्छा होता कि दुनिया ही ख़त्म हो जाती।" उसने प्रतिवाद किया था, "अन्न नहीं रहने से दुनिया ख़त्म नहीं होगी। मैं ईंटों और पत्थरों को इतना सुपाच्य पकाऊँगा कि दुनिया के खेतों के मायने ही बदल जाएँगे।" ऐसा कहते हुए उसके चेहरे से आग दहकने की आँच आ रही थी। मुझे ग़ुस्सा आ गया था, "तुम्हारी ज़मीन से तो आलोकधन्वा

भी आए हैं। तुम उनको क्यों नहीं देखते हो?" वह चुप हो गया था और निराश भी। उसकी निराशा किसी भयानक दर्द की तरह उस पर असर करती थी। ऐसा लगता उसकी रुलाई उसमें पके घाव की पीब की तरह जमा है जिसे बस कुरदने की ज़रूरत है। लेकिन मैं इस डर से चुप हो जाती थी कि मुझे उसके घाव का कोई अन्त नहीं दिखता। मुझे उसके इस चेहरे से तकलीफ होती थी। फिर भी मेरे लिए यह सम्भव नहीं था कि मैं अपनी तकलीफ से बचने के लिए उसे क़सम दिला दूँ कि आज के बाद तुम अपने माँ और भाई की हत्या को जेहन में आने ही मत देना।

मैं समझ नहीं पाती थी कि दुनिया के हर दुख पर अपनी कुर्बानी के लिए मुस्कराने वाला शिरी जाति की बात आने पर गम्भीर क्यों हो जाता है। माँ और भाई की हत्या को उसने अपनी जाति की हत्या से जोड़ लिया था। इधर बीच उसे एक और सपना आने लगा था। वह देखता कि तलवार लेकर लोग उसका पीछा कर रहे है और वह लोगों को काटता चला जा रहा है। जब मैं कहती कि तुम ऐसा क्यों सोचते हो तो कहता कि तुमने मुझे बदल दिया है। फिर तुरन्त कहता अब तो अपनी जाति बता दो। एक बार मैंने चिढ़ते हुए कहा, "तुमको ऐसा कहने पर मुझे तुम्हारी प्रकृति पर शक होता है।"

मैंने कह तो दी थी ये बात, लेकिन थोड़ी सहम गई कि अभी वो जिस मन:स्थिति में है उस पर लदा हुआ बोझ और भारी हो जाएगा। लेकिन मेरी इस बात पर वो एकदम हल्का सा हो गया और मुस्कराते हुए अपने कन्धों पर मेरे सर को खींचकर छुआ दिया और उठकर खड़ा हो गया। वो मेरे सामने मुस्कराते हुए खड़ा था और मैं उसकी अबूझ सिराओं को पकड़ने की कोशिश में थी और कहना चाह रही थी कि मैं तुम्हारे साथ हूँ। लेकिन इससे पहले ही उसने वैसे ही मुस्कराते हुए कहा, "तुम्हें समझ में नहीं आ रहा कब से मैं चाय पीने के लिए कह रहा हूँ। चलो उठो।" क्षण भर में हुए उसके बदलाव देखकर मैं थोड़ी हैरान थी कि आख़िर क्या है इसमें...कैसा है ये...कि उसने मेरे हाथ को खींचते हुए उठाया और चलने लगा। अब उसकी चाल में एक ख़ुशी भरी हुई सी लगती। और इस ख़ुशी में उसने मेरी तरफ़ एक दिलफरेब वाक्य छोड़ा–

"यार तुम और चीज़ों के लिए इन्तज़ार करवा रही हो तो सहा जाता है

लेकिन साथ में चाय पीने के लिए एक पल भी देर करती हो तो दुनिया कौड़ी सी लगने लगती है।"

मैं उसका इशारा अच्छी तरह समझ रही थी और ऐसा लग रहा था कि वो इशारा मेरा हासिल था इसलिए उस दिलफरेब वाक्य से खेलते हुए पूछना चाह रही थी, "कहो क्या इन्तज़ार करवा रही हूँ और तुम क्या सह रहे हो?" लेकिन ऐसा न कह के मैंने कहा, "मैं तुम्हारी कोई यार-वार नहीं हूँ। बस सिंपल फ्रेंड" इस पर उसने मुस्कराते हुए कनखी मारी और ऊ हा हा हा...ऊ हा हा हा की बनावटी हँसी हँसते हुए अपने शरीर को कुछ यूँ विजय मुद्रा में ले गया जैसे क्रिकेट में विकेट लेकर खिलाड़ी करते हैं। उसकी इस मुद्रा से, मुझे चिढ़ना नहीं चाहिए था, और मैं चिढ़ी भी नहीं। मुझे उसकी बनावटी हँसी मजेदार लगनी चाहिए थी, और मजेदार लगी भी। इसलिए जब उसके साथ चाय पीने जा रही थी तो हम दोनों का साथ एक मजेदार वाकया भी साथ दे रहा था। वो वाकया अदृश्य, अव्यक्त होते हुए भी बहुत पहचाना सा लग रहा था।

चाय पीते हुए फिर से यह पूछना चाह रही थी, "मैं क्या इन्तज़ार करवा रही हूँ और तुम क्या सह रहे हो?" लेकिन नहीं पूछ पाई। ऐसा नहीं कि मेरे अन्दर कहीं से कोई हिम्मत का मामला आ गया था। शिरीष के आने के बाद ऐसा लगने लगा था कि दुनिया मेरी अँगुली में समाने वाली अँगूठी हो गई है, जिसे जब चाहे पहन-उतार सकती हूँ। मुझे क्या पता था दुनिया अपना रूप बदल सकती है और उसकी अँगूठी बन के मैं उसकी मर्जी के मुताबिक उसकी अँगुली पे चढ़ती-उतरती रह जाऊँगी। इसका ज़रा भी भान हुआ होता तो मैं आज या आने वाले और दिनों में शिरीष के उस सहने में, अपना सहना मिलाकर बता देती कि चाय की चाहत कितनी छोटी बात है।

शिरीष अब तक अपनी चाय ख़त्म कर चुका था और हमेशा की तरह उसने चाय की दूसरी गिलास माँगी। छोटे शीशे के गिलास में मिलनेवाली चाय की मात्रा से उसका मन नहीं भरता इसलिए दो गिलास चाय लेता। मुझे अभी भी इन्तज़ार करवाने और सहनेवाली बात खटकने की जगह गुदगुदा रही थी। मैं चाह रही थी कि वो फिर से कुछ कहे लेकिन वो कह के भूल गया था और चायवाले से बात कर रहा था। मैं थोड़ी दूर हट के चाय पीने लगी ताकि उसे

अहसास कराऊँ कि मुझे छोड़कर चाय वाले से बात करना मुझे कितना चिढ़ा रहा है। उसने देखा लेकिन उस अहसास के बिना जो मैं महसूस कर रही थी। पास आया लेकिन उस बात से बेपरवाह होकर, मानो उसने चलते-चलते यूँ ही कह दिया था। मैं ग़ुस्सा रही थी या झल्ला रही थी या फिर इन दोनों शब्दों की पकड़ में थी, कह नहीं सकती लेकिन मैं फिर से एक बार कुछ सुनना चाहती थी। और इस बार सुनने में पहले से ज़्यादा इत्मीनान की चाहत थी। किसी भी चाहत को डिकोड करना आसान नहीं होता और यही मुझ से भी हुआ। मुझे पूछना था कुछ और लेकिन पूछ गई कुछ और, "क्यों नहीं तुम मेरी हत्या कर देते हो तुम्हारी आत्मा को शान्ति मिल जाएगी?" चाय की सिप लेते हुए उसने अपनी आँखों में रंगत भर ली थी, "क्या मजेदार बात तुमने कह दी। मुझे अफसोस हो रहा है कि अब तक मैंने ऐसा कुछ सोचा क्यों नहीं।"

शिरीष के इस मज़ाक़ में ना जाने क्या था कि रजनीगन्धा की आँखें भर आई थीं और रजनी की भरी हुई आँखों से शिरीष पूरी तरह से छटपटा गया था। फिर क्या हुआ...क्या हुआ कहकर उसे नॉर्मल करने लगा। लेकिन शिरी का नॉर्मल करना उसे और बेध गया था। वह और फफकने लगी। वह ख़ुद ही समझ नहीं पा रही थी कि वह रो क्यों रही है। अपनी रुलाई में उसने पाया कि जब वो शिरी की हो चुकी है फिर क्या उसे रोक रहा है? शिरी का व्यक्तित्व या उसका जातिगत लगाव? सच में उसे शिरी की प्रकृति पर शक है? इन सवालों से उसकी दबी हुई रुलाई एक आवेग से फूटने के लिए बेताब थी। शिरी एकदम बेचैन हो गया। उसे चाय की दुकान से हटाकर किनारे ले गया और कहने लगा कि मैं तो बस मज़ाक़ कर रहा था। रजनीगन्धा अपनी आँखों को पोंछकर सिसकती हुई कह रही थी, "एक दिन मैं चाय के साथ तुम्हारी जाति पी जाऊँगी। नहीं तो मार डालूँगी ख़ुद को। तुम सिर्फ़ शिरीष नहीं रह सकते?"

शिरी उसे समझा रहा था कि मैं सिर्फ़ शिरी ही हूँ मेरी जान। मेरी लैला। तुम देख नहीं रही हो अब तो शिरीष भी नहीं रह गया हूँ। मैं अब सिर्फ़ लैला रह गया हूँ। तुमसे रत्ती भर भी अलग मेरा वजूद नहीं है। है तो बताओ? लड़की का सिसकना कुछ कम हो गया था और वह अपनी सिसकन को कम करने के साथ कुछ तय कर रही थी। इसलिए शिरी से कुछ अलग तरह से मुखातिब

हुई, "तुम मानते हो कि तुम सिर्फ़ शिरीष हो...?

शिरीष–मैं तो मानता हूँ कि मैं सिर्फ़ रजनीगन्धा हूँ।

रजनी–मैं मज़ाक़ नहीं कर रही हूँ।

शिरीष–कैसे कह सकती हो कि मैं मज़ाक़ कर रहा हूँ?

रजनी–इसका मतलब हमारी राय एक है?

शिरीष–मैं रजनीगन्धा हूँ और मेरी राय रजनीगन्धा की राय है, मेरी लैला।

रजनी–मेरे सर पर हाथ रखो। अगर चाहते नहीं हो तो मत रखना। कोई जबरदस्ती नहीं है।

शिरी–इसका मतलब तुम मुझे अलग कर दोगी?

रजनी–मुझमें मेरे अलावा ऐसा कुछ है ही नहीं जो मुझसे जुड़ी हुई चीज़ों को अलगा दे।

शिरी–लो रख दिया।

रजनी–कहो कि आज के बाद मैं अपनी जाति के लिए नहीं लड़ूँगा।

शिरी सोच में पड़ गया था कि वह ऐसा क्यों कह रही है मैंने तो इससे इसकी जाति भर पूछी है। वह कहता है, "तुम ऐसा कैसे कह सकती हो? तुम्हें कैसे लगता है कि मैं अपनी जाति के लिए लड़ता हूँ।"

रजनी–तुम्हारा हाथ मेरे सर पर है। मैं तुमसे कुछ कहने के लिए कह रही हूँ।

शिरीष अपना हाथ खींच लेता है और कहता है, "चलो पार्क में थोड़ी देर बैठते है।"

शिरी द्वारा सर से हाथ खींच लेने से रजनी एकदम से हिल जाती है फिर भी उसके साथ चल देती है। पार्क में रजनी बैठते ही कहती है, "मैंने तुमसे कुछ कहने के लिए कहा था जो तुमने नहीं किया है। कुछ ऐसी बातें मत करना जिससे मुझे तकलीफ हो।" शिरी भी लड़की के साथ दरक गया था इसलिए कुछ कहने की बजाए उसे अपनी बाँहों में लेते हुए अपने हाथ को उसके सर पर रखते हुए कहता है, "मैं कभी अपनी जाति के लिए नहीं लड़ूँगा।" फिर उसके माथे को चूमते हुए कहता है, "अब सिर्फ़ लड़ने के लिए मुझे लैला मिल गई है।" इतना सुनते ही रजनी उससे लिपट कर फफकने जैसे हो गई। इस पर

शिरी कहता है कि मैं तो तुम्हारे लिए अपनी जाति के खिलाफ भी लड़ लूँगा। इस बात से रजनी को लगा कि उसकी आत्मा पर पड़ी गर्द झड़ गई है और चाहत आगे चलकर ख़ुद अपने को डिकोड कर ही लेती है। आज भी भूगोल की सारी क्रियाएँ वैसे ही हुई थीं जैसे होती आई थी लेकिन शिरीष वैसा नहीं रह गया था। इसलिए मैंने सब से आगे बढ़कर शिरीष को अपना बना लिया था। हम दोनों एक इबारत लिखकर अपने घर लौटे थे।

शिरीष और रजनीगन्धा के वे दिन थे जहाँ शिरीष इलाहाबाद में एक कवि के रूप में पहचाना जाने लगा था और रजनीगन्धा उसकी प्रेमिका के रूप में। शिरी अपनी तैयारी में लगा हुआ था और रजनी चुपचाप पढ़े जा रही थी। बीच-बीच में कभी शिरी को पोर्ट्रेट बनाकर तो कभी उसके कविताओं का पोस्टर बनाकर देती रहती थी। अब गोष्ठियों से लौटते हुए शिरी के चेहरे से एक रोशन हवा की चमक दिखाई देती लेकिन शिरीष अभी भी कभी-कभी किसी अँधेरी गुफा में चला जाता और रजनी से कई मायनों का एक वाक्य बोला करता था। रजनी को अब शिरी का कई मायनों वाला वाक्य डराता नहीं था। ऐसे वाक्य सुनकर उसे कहीं राहत मिलने लगी थी। इस राहत से उन दोनों के हाथों और माथों पर चुम्बनों की टिप-टिप बारिश शुरू हो गई थी। फिर भी जब शिरी का हाथ चुम्बन के साथ इधर-उधर फिसलता तो रजनी अच्छा लगने के बावजूद कहती, "ये सब नहीं चलेगा। क़ायदे से रहना सीखो।" एक तो रजनी ने अपनी क़सम दिलाकर उसे जाति से आक्रान्त कर दिया था तो दूसरी तरफ़ उसने स्त्री देह से आक्रान्त होकर देह रहस्य को भी अपने अपराध में शामिल कर लिया था। इसलिए तमाम उन्मुक्तता के बाद भी वह क़ायदे से रहना सीख गया था और इस उन्मुक्तता में रजनीगन्धा की उपस्थिति ही इतने रंगों से भरी थी कि किसी एक रंग के पीछे पड़ने का कोई मतलब ही नहीं था। शायद इसलिए रजनी भी अपनी सिखाई हुई "कायदे से रहने वाली बात" पर पड़ती हुई नज़र को हटा लेती या यूँ कहे कि प्रेम की धार ही ऐसी थी कि स्वमेव नज़रें हट जाती।

वे दोनों ख़ुश थे। और हर आनेवाले दिन और ख़ुश होते जा रहे थे। फिर भी उसके हमउम्र साहित्यकार उसकी टाँग खींचने का कोई मौक़ा नहीं छोड़ते।

वे कहा करते थे कि इलाहाबाद में शिरीष अपनी कविताओं से ज़्यादा अपनी प्रेमिका की सुन्दरता से चर्चित हुआ है। हमउम्र कवियों की बातें उसे नागवार लगने की बजाए अच्छी लगती और वो रजनीगन्धा के फूलों से महमहा उठता। अब इलाहाबाद भी आरा की तरह अपना शहर लगने लगा था। दोनों जब चलते तो ऐसा लगता कि इलाहाबाद के रास्ते उनके क़दमों को अपने हाथों में उठाकर रखते जा रहे हैं। इन दिनों इनके दिनों पर अमलतास के फूल बिछ गए थे और रातें हरसिंगार के फूल सी महक रही थीं।

जागो क़ैफ़ी/मैं तुम्हें/तुम्हारा गाँव दिखाता हूँ/चूल्हे के शोले की बात छोड़ो/चौपाल की गवनई में आग दिखाता हूँ।

(क़ैफ़ी आजमी की पंक्तियों से छेड़छाड़ करने के लिए क्षमा के साथ)

इन्हीं दिनों एक के बाद एक तीन खबरें आईं। फिर से बिहार में एक नरसंहार हुआ था। अभी इस ख़बर की आग बुझ नहीं पाई थी कि आरा कोर्ट में पुलिस की गोली से तीन लोग मारे गए थे। और इस ख़बर के ज़ख़्म अभी हरे ही थे कि शिरीष के पुश्तैनी गाँव के ज़ख़्म हरे हो गए थे। पंचायत चुनाव में दो लोग मारे गए थे। शिरी की बेचैनी फिर बढ़ गई थी। लोगों की चीख़ों से ज़्यादा प्रशासन की गाड़ियों का शोर सुनाई पड़ने लगा था। गाड़ियों पर नाचती लाल-पीली रोशनियाँ उसके छटते अँधेरे पर और गाढ़ा अँधेरा होकर बरसने लगी थी। उसके हाथ से इतिहास और दर्शन की किताबें छूट कर गिर गईं। वह फिर से किसी बिन्दु की तलाश में ख़ुद को जाए करने लगा। रजनी जब भी मिलती कहता क्या गाँव थे कैफी के। उन गाँवों के चूल्हों में शोले तो शोले धुआँ भी नहीं मिलता। वह बार-बार रजनी से कहता कि अब बोलो मैं क्या करूँ...? रजनी मामले को हल्का बनाने के लिए कहती कि तुमने मुझ से लड़ने के लिए क़सम खाई है चुपचाप मुझ से लड़ा करो। लेकिन शिरी को इन दिनों हर शै में एक भारीपन लगने लगा था। कभी-कभी तो यह भारीपन उस पर इतना भारी पड़ता कि उसे लगता कि वह रौंदा जा रहा है। इस वजह से वह कई बार भयानक तरीक़े से नींद में भी चीख़ने लगा था।

रजनी पहले से ही शिरी के कई मायनों के एक वाक्य से वाकिफ हुआ

करती थी लेकिन शिरी के एक दोस्त ने जब उसे रात को चीख़नेवाली बात बताई तो वह डर गई थी। फिर कई बार उसके साथ रहते हुए भी उसने देखा कि कभी-कभी शिरी अचानक अपनी मुट्ठी भींच लेता या अपने दाँतों को निपोरता रहता। एक दिन दोनों एक रेस्तराँ में खाना खाने गए। खाने के ऑर्डर के बाद शिरी पानी का सिप ले रहा था कि पल भर में ही उसकी माथे से पसीना टपकने लगा। रेस्तराँ ए.सी. था फिर भी इतनी गर्मी। रजनी डर गई और कहने लगी तुम कुछ सोच तो नहीं रहे हो? शिरी अपने को सहज बता रहा था लेकिन किसी बात को लेकर उसकी घबराहट साफ़ दिखाई पड़ रही थी। रजनी ने ऑर्डर कैंसिल करवाया और उसे आराम करने के लिए घर छोड़ आई।

शिरी कई दिनों से कह रहा था कि मुझे घर जाना चाहिए। रजनी कहती कि अच्छा रहेगा घूम आओ। लेकिन अगले ही पल कहने लगता कि अगले महीने से लगातार तीन चार एक्जाम है, घर पर जाने से तैयारी नहीं हो पाएगी। वहाँ जाता हूँ तो मेरा दिमाग़ कुछ और ही सोचने लगता है। रजनी उसे सुबह शाम टहलने की नसीहत देती है। रजनी की नसीहत से वह रोज़ सुबह शाम हाथ भाँजते हुए मील दो मील टहलने लगा। टहलते हुए उसे ऐसा लगता कि मानो कुछ दूर और चलेगा तो उसे अँधेरे से मुक्ति मिल जाएगी किन्तु अँधेरा था कि लगातार बढ़ता जा रहा था। उसे हर पल अपनी चिन्ता सताने लगी थी। उसे लग रहा था कि वह भी किसी हत्या का शिकार होनेवाला है। सड़क पर चलता तो लगता कि सामने से आने वाली गाड़ी उसे रौंदने के लिए आ रही है। वह चलते हुए कई बार पीछे मुड़कर देखने लगता कि पीछे से कोई गाड़ी उसे टक्कर मारने के लिए तो नहीं आ रही है। चाय पीने जाता तो लोगों के बीच में घुस जाता। उसे कहीं अकेले अच्छा नहीं लगता। यह अच्छा न लगना उस पर इतना हावी होता गया कि इससे वह संक्रमित हो गया और रजनीगन्धा से भी कतराने लगा।

शिरी अब भीड़ के बीच जाता तो उसे थोड़ी राहत मिलती। इसलिए दिन भर घूम-घूमकर भीड़ तलाशता। इसी दौरान उसने इलाहाबाद के सारे चौराहे छान डाले। भीड़ की वजह से ही उसे जानसेनगंज चौराहा अच्छा लगने लगा। वह घंटों जानसेनगंज चौराहे के एक तरफ़ खड़ा होकर बोझिल ट्राफिक में

अपनी उपस्थिति महसूस करता। उसे लगता उसके खड़े होने से लोगों को राहत मिलती है।

रजनी से बेहतर शायद शिरी को उसकी भाभी ही जानती थी लेकिन अब जो शिरी कर रहा था या शिरी के साथ हो रहा था वो सिर्फ़ रजनी देख रही थी। इसलिए रजनी ने शिरी के घर फ़ोन करके शिरी की परेशानियों के बारे में बता दिया। उसके भैया आ गए। अपने भैया को देखते ही शिरी रोने लगा। भैया को कुछ समझ में नहीं आ रहा था। लेकिन रजनी ने जब सारी बातें बताई तो भैया शिरी को जबरदस्ती डॉक्टर के पास ले गए। डॉक्टर के सामने शिरी का इतिहास खंगाला गया तो पता चला कि उसने किशोर दिनों में गुलेल से अपनी प्रतिपक्ष जातियों की बराबरी करने के लिए दो बिल्लियों को जान से मार दिया था। एक बार तो उसने घर के तोते के पिंजरे को रात में जान-बूझ कर खुला छोड़ दिया था जिससे तोता बिल्ली का शिकार बन गया। डॉक्टर ने कोई डिसऑर्डर बताया और चेताया भी कि इसे अकेले नहीं रहने देना है।

भैया शिरीष को घर चलने के लिए बहुत इसरार करने लगे तो इस बार शिरी भड़क गया, "आप ने ज़िन्दगी भर पलायन किया है। गाँव में जब आफ़त आई तो आरा में बैठा दिए। फिर आरा का मैं हुआ तो इलाहाबाद भेज दिए। अब मुझसे इलाहाबाद भी छुड़वा रहे है। मैं इलाहाबाद नहीं छोड़ूँगा। जिसने भी आप को कहा है कि मैं अकेले नहीं रह सकता, मुझे लगता है वो ख़ुद डरपोक है।" लेकिन भैया जब ज़िद पर अड़ गए तो मिन्नतें करने लगा कि मैं अगर यहाँ नहीं बच सकता तो कहीं नहीं बच सकता। भैया को हारकर लौटना पड़ा था। भैया के जाते ही शिरी ने अपनी सारी दवाइयाँ फेंक दी थी और अपनी परेशानियों को झुठलाने लगा था। उसे समझ में नहीं आ रहा था कि उसके साथ क्या हो रहा है और क्यों हो रहा है।

इन दिनों वह फिर से अपनी डायरी में गुणा-गणित करने लगा था। पहले की लिखी हुई डायरी में रजनी की मुलाक़ात और उसकी बातें भरी हुई थी। पहले इन मुलाक़ातों और बातों को कई-कई बार पढ़ता था। लेकिन अब उसे अचानक से ये बातें बोझिल करने लगी। ज़िन्दगी के सफ़र से महरूम होकर हमसफ़र के साथ मसरूफ़ होना उसे अब बेमानी सा लगने लगा था। वह अपने

को खंगालते हुए अपने व्यक्तित्व को बिखरा देने से ख़ुद को कोसता है। लक्ष्य के प्रति सचेत न होने से भैया की नसीहत चुभती है। उसे लगता है उसके साथ जो कुछ भी हो रहा है उसमें उसका हरदिल अजीजी से जीना है। वह ख़ुद को अपनी अदालत के कटघरे में खड़ा करता है। इलाहाबाद में किसलिए आए थे? कविताएँ तो गाँव में भी लिख सकते हो? फिर जवाब देता है। रजनीगन्धा नहीं मिलती ना। रजनीगन्धा के भँड़ुए। रजनी की ऐसी तैसी। वक़्त कहाँ आ गया है और तू रजनी के साथ अपना क़ीमती वक़्त फूँकने पर अमादा है। घर वालों का प्यार, लोगों की आशा, चौपाल में उठ रही आग, इन सब का कोई मतलब नहीं। शिरीष अपने को इस बात पर इत्तला करता कि इन्हीं सब का तो मतलब है। कहीं से वह रजनीगन्धा के लिए कोई खिड़की खोलता तो उसके कुछ सिविल आकांक्षी दोस्त यह कहकर खिड़की बन्द करवा देते, "एत्ता दिन से लौंडिया के पीछे-पीछे घुमत हौ तब्बो कुछ लिए दिए नहीं। प्रेम में लड़की अइसे छूछे घुमावत है कहीं...? ए राजू मान जा...नै तो तोरा हाल साँड़े के गोबरे के होई, ना पाथे के काम अउब ना लिपे के।" हालाँकि शिरीष को दोस्तों की ऐसी बातें बकवास लगती लेकिन शिरीष ख़ुद के लिए बकवास होता जा रहा था।

रजनी से मिलना कम कर दिया था लेकिन जब भी मिलता अच्छे से मिलता और हर बार यही कहता कि वो तैयारी में लगा हुआ है। अब तुमसे मैं सही से तभी मिल पाऊँगा जब तुम मुझसे मसूरी मिलने आओगी जहाँ मैं आई.ए.एस. की ट्रेनिंग कर रहा होऊँगा। रजनी का दुख बढ़ सकता था लेकिन शिरी के भैया रजनी के पास शिरी की केयर के बारे में बात करते तो उसे बहुत अच्छा लगता था। यह अच्छा लगना शिरी के तिरस्कार से उपजे खालीपन को भर देता था। फिर भी शिरी की परेशानी जिस तरह से बढ़ती जा रही थी उसको नकारना उसके बस की बात नहीं थी।

यह ऐसा दौर था जिसमें वह अपने को किसी एक बिन्दु पर स्थिर करने में कराहने लगता और सभी सम्भव बिन्दुओं का बोझ उससे सहा नहीं जाता। यही वो दौर था जिसमें उसने वह कविता लिखी थी जिसका जिक्र मैंने डायरी के शुरू में किया है। वह प्रत्येक बिन्दु को शक की निगाह से देखता फिर

उससे गले लगाने की आह रह-रह के उठती थी। उसे सबसे कम शक अपने आई.ए.एस. के कैरियर में नज़र आ रहा था। अपनी कराह के साथ इस बिन्दु पर पाँव जमाना शुरू किया। धीरे-धीरे अन्य बिन्दुओं से उसके पाँव उखड़ने लगे। वह तेलियरगंज से दरागंज अपने एक दोस्त के साथ शिफ्ट हो गया।

> *अब आग में भी नमी सुरक्षित है/जितनी शाखों पर शीत का अंश/ पतझड़ में उग रही थोड़ी-थोड़ी हरियाली/कीमत माँगती हुई पूर्णांश में/थोड़ी-थोड़ी ख़ुशियों में ख़ुश रहे ना रहे/अंश भर सुकून के एहसास में/मात खा रही है ज़िन्दगी/पेट की भूख थी तो/आदमी ने क्या-क्या नहीं किया/अब प्रेम भी खोजने लगा है डिनर/तब आदमी क्या-क्या करेगा...?*

इधर शिरीष के पाँव उखड़ने शुरू हुए तो उधर चैम्पियन ने रजनीगन्धा पर अपना हाथ सँवारना शुरू कर दिया था। एक दिन फ़िल्म की सीडी लेने गई रजनी पर अपना जादू छोड़ता है, "तुम हमेशा अपने मन से कैसेट ले जाती हो। आज मेरी पसन्द की ले जाओ।" वह अर्द्धनग्न बालाओं के थिरकन वाली रिमिक्स का एलबम देता है।

अगले दिन रजनी कैसेट लौटाते वक़्त कहती है, "तुमने कल कैसी सीडी दी थी। थोड़ी देर चलने के बाद पता नहीं किसकी शादी की रिकार्डिंग चलने लगी थी।" वह रिकार्डिंग में मिक्स किए कुछ अश्लील दृश्यों के बारे में रजनी की मंशा जानना चाहता है, "तो क्यों नहीं उसे तोड़कर फेंक दिया। क्या ज़रूरत थी देखने की।" हालाँकि रजनी ने पूरी रिकार्डिंग देख ली थी फिर भी उसे झिड़कते हुए बोली, "दूसरे की रिकार्डिंग मैं क्यों देखूँ...मैं तो उसी समय बन्द करके सो गई थी।" चैम्पियन कहता है, "रुको मैं अपनी वर्करों की क्लास लेता हूँ। साले सही तरीक़े से काम नहीं कर रहे है। तुम्हारे घर पर तो कोई कुछ नहीं कह रहा था।"

रजनी– "मैं अकेले ही देखती हूँ। मेरा अपना कमरा है। घर वालों के साथ देखती तो हद ही हो जाती। पापा कोई भी ग़ैरजिम्मेदाराना हरक़त को माफ़ नहीं करते।" तभी उसे लगा कि उसने कुछ ज़्यादा बोल दिया है। सवाल करते

चैम्पियन की आँखों में उसे एक चोर की भागती रेखा दिखाई दी और चैम्पियन को रजनी की झिड़की में अपनी बनाई हुई सुरंग। उसके लिए इतना ही काफ़ी है, "मैं अकेले ही देखती हूँ। मेरा अपना कमरा है।"

चैम्पियन पाइरेटेड सीडी बेचता था। साथ में टीवी के साथ सीडी भी भाड़े पर देता था। उसके पास इसके दो तीन सेट थे। वह इन सेटों को हॉस्टल, लॉज और तैयारी करनेवाले लड़कों के कमरे पर भाड़े पर भेजता था। शहर में ऐसे सिनेमा घरों की कमी नहीं थी जिसमें एडल्ट फ़िल्में चला करती। उनमें कुछ मिनटों का नग्न दृश्य भी दिखाया जाता मिक्सिंग करके। लेकिन चैम्पियन ने लोगों को कुछ मिनटों के सुख से निकालकर पूरी फ़िल्म के सुख में डुबा दिया था इसलिए उसकी उपयोगिता और बढ़ गई थी। वह चैम्पियन से स्टार चैम्पियन होता जा रहा था। फिर भी इस दुनिया में लोग रहते हैं और लोगों को ज़िन्दा रखने के लिए बाजार हुआ करते है। इसलिए विदेशी फ़िल्मों से सब बोर होने लगे थे और देशी में उन्हें कुछ मिलता नहीं था। शायद यही वजह रही होगी कि लोगों की आवश्यकता कुछ और जुस्तजू कर रही थी। चैम्पियन स्वाभाविक रूप से समझ गया था कि लोगों की आवश्यकता बड़ी कमाई को न्योता दे रही है। तभी उसे रजनीगन्धा में एक देशी आइटम का स्टारडम दिख गया था।

धीरे-धीरे छह महीने बीत गए थे। शिरी ने रजनी से मिलना एकदम कम कर दिया था। और रजनी यह सोचकर ख़ुद को मना लेती कि आख़िर वह अपनी पढ़ाई ही तो कर रहा है। इधर चैम्पियन को सूत्र मिल गया था कि रजनी का अपना कमरा है। वह निषेध से बेपरवाह रजनी के बीच अपनी उपस्थिति का रंग भरने लगा। धीरे-धीरे वह रजनी से ज़्यादा उसके घरवालों का अपना हो गया। उसके घर के इलेक्ट्रिक के सारे काम अब उसके ही जिम्मे थे।

कई दिनों से रजनी शिरी से मिलने के लिए इसरार कर रही थी लेकिन शिरी आज-कल कह कर टाला करता था। अपनी तैयारी की दुहाई देते हुए चुटकुला वग़ैरह सुनाकर मिलना स्थगित कर देता था। कभी जाने की तैयारी करता भी तो शर्ट का आख़िरी बटन बन्द करते-करते उसे अफसोस होने लगता कि वह मज़ाक़ नहीं करता तो इतना माहौल हल्का नहीं होता और जाना नहीं पड़ता। फिर भी यदि चला जाता तो उस दिन जान-बूझकर रजनी के साथ गम्भीर बना

रहता। रजनी आनेवाले हर दिन और बोर होती जा रही थी। ऐसे ही एक बोरियत भरे दिन से ऊबकर वह किसी नई फ़िल्म के लिए चैम्पियन के पास आती है तो आज भी वह अपनी पसन्द की कैसेट देता है जो थोड़ी देर चलने के बाद फ़िल्म से ब्लू फ़िल्म में बदल जाती है।

ऐसे-ऐसे दृश्य। वह आश्चर्य से भर जाती है। उसे लगता है वह स्त्री देह से भी कितनी अनजान है। उसकी देह में कँपकँपी का ज्वार उठता है। ऐसा नहीं कि उसने कभी इन दृश्यों के या ब्लू फ़िल्म के बारे में सुना नहीं था लेकिन सुनने और सामना होने में कितना भेद होता है उसे आज समझ में आया था। ऐसा खुलापन उसकी कल्पना से परे था। उसने कई बार फ़िल्म को बन्द किया और फिर-फिर चालू करके देखने लगती।

फ़िल्म की समाप्ति तक वह वासना के अपूर्व लोक में जलती चली जाती है। सोने की लगातार कोशिश कर रही है लेकिन बार-बार उसकी बन्द आँखो के सामने दो मर्दों से खेलती उस औरत की भंगिमाएँ स्क्रीन से निकलकर नाचने लगती। वह किसी गहरे नशे में डूबना चाहती है और नशा है कि चढ़ता ही नहीं बस अठखेलियाँ करके रह जाता है। अपने नशे को ख़त्म करने के लिए वह बालकनी में आ गई। बालकनी से सामनेवाली छत पर शिरी को देखना चाहती है। आज उसे शिरी पर ग़ुस्सा आ रहा है तभी उसका ध्यान मम्मी के कमरे पर जाता है। मम्मी-पापा साथ में सोए हैं। वह उनके बन्द कमरे में सुराख खोजने लगती है। सुराख नहीं मिलने पर दरवाज़े से कान लगाकर किसी आवाज़ के लिए मचलती है लेकिन उसके सारे प्रयत्न विफल होते जा रहे थे और उन्माद था कि चढ़ता ही जा रहा था।

अगले दो दिनों तक वह कैसेट देने नहीं गई थी। उसकी कैसेट लौटाने की हिम्मत नहीं हो रही थी। उसे चैम्पियन, फ़िल्म और ख़ुद से घृणा होने लगी थी। वह शिरीष को कटघरे में खड़ा करती है, "तू साथ रहता तो ये आह ही नहीं उठती। वह लगातार उसे कोस रही है कि तू कौन सी लड़ाई लड़ रहा है जहाँ मेरे होने की वजह से तू हार रहा था। तुम्हारे योद्धा होने पर किसी को शक है तो वह मैं हूँ।" फिर उसका ध्यान चैम्पियन पर जाता है तो शिरीष भोर की सुबह की तरह खिलता हुआ सूरज दिखाई देता है।

रजनी बार-बार सवाल करती है कि चैम्पियन ऐसा कैसे कर सकता है। बार-बार सवाल करने से उसे लगा कि हो सकता है चैम्पियन के वर्करों ने ऐसी ग़लती की होगी जिसे चैम्पियन को पता नहीं होगा। उसका यह लगना जम गया था इसलिए उसने तय किया कि वह जाकर कैसेट लौटा देगी और फिर वह कभी कोई कैसेट उसके यहाँ से नहीं लाएगी। उसके यहाँ से क्या वह कहीं से नहीं लाएगी। फिर सोचती है कहीं वह पूछेगा तो नहीं कि फ़िल्म कैसी रही। उसका माथा ठनक जाता है। फिर सोचती है कि अच्छा रहेगा कि शिरी को बुलाकर उसके हाथों कैसेट भेजवा देगी। फिर अपने इस आइडिए पर झेंप गई। कहीं उसे लगा कि मैं और शिरी इस फ़िल्म को एक साथ तो...नहीं यह ठीक नहीं होगा।

रजनी के मन में यह बात भी बार-बार उठ रही थी कि क्यों ना जाकर साफ-साफ उससे कह दे कि तूने ब्लू फ़िल्म क्यों दी थी। फिर उसे अच्छी तरह लताड़कर, लताड़कर ही क्यों दो-चार थप्पड़ लगाकर चली आए। लेकिन फिर उसे लगता है कि बात अगर वर्करों की बदमाशी की होगी तो। सच कहूँ तो वह नहीं चाहती थी कि उस रात की नग्न हलचल का कोई सिरा चैम्पियन या फिर कोई और पकड़ सके। वह कई शंकाओं की मानसिक यातना से प्रताड़ित होते हुए आख़िरकार इसी निष्कर्ष पर पहुँचती है कि वह कैसेट चुपचाप दे देगी और अपने मन से कोई कैसेट लेने के बहाने से उसके खानों में कैसेट खोजेगी और फिर यह कहकर कि कोई अच्छी फ़िल्म नहीं है चली आएगी। फिर कभी नहीं जाएगी। कभी नहीं।

अगले दिन वह दोपहर में दुकान पर कैसेट देने गई तो वह तेज़ आवाज़ में कोई पॉप गाना बजा रहा था। रजनी के पहुँचते ही चैम्पियन ने वही गाना लगा दिया...दिल दे दिया है, जान तुम्हें देंगे...फिर कैसेट लेते ही उसने अनमने ढंग से बोला जैसे वह कुछ जानता ही नहीं–फ़िल्म कैसी लगी...? फिर वह फ़िल्म के नायक सलमान खान की तारीफ और फ़िल्म के बारे में ऐसे बात करने लगा जैसे उसने पूरी साबुत फ़िल्म दी थी। इसमें कोई मिक्सिंग वग़ैरह की कोई बात ही नहीं है। रजनी को अपनी राय सही लगती है–इसने भूल से ही कैसेट दिया है।

रजनी कुछ और कहने की बजाए कैसेट के खानों की तरफ़ देखती है। पल भर में वह रजनी के क़रीब आ जाता है, "कौन सी फ़िल्म खोज रही हो...?"

रजनी—"देखती हूँ जो लेना होगा मैं ले लूँगी।"

रजनी की इस झन्नाहट में चैम्पियन अपने छोड़े हुए विष को उतरते देखता है। एक क्रूर मादक हँसी उसके चेहरे पर फैलती है, "तुम अपने से क्या-क्या लोगी..." इतना कहते हुए वह रजनी के हाथ में एक कैसेट रखता है और उसके हाथ को अपने हाथ में, "तुम जब झन्ना के बोलती हो तो लगता है मैं पागल हो जाऊँगा। पता नहीं क्यों तुमसे मुझे बहुत डर लगता है।" उसकी बातों से रजनी को एक हल्की सिहरन होती है। यह सिहरन रात के दृश्यों से मिल जाती है। उसे लगता है उसकी सारी हरकतों को वह देख चुका है। उसकी बेचैनी खीझ में बदलती है। लेकिन उस रात की आग के सिरे को भी खुलती हुई देखती है। फिर भी वह वहाँ से भाग जाना चाहती है। भागने के लिए ज्यों ही मुड़ती है। चैम्पियन तेज़ी से अपने दाहिने आगोश में लेते हुए दुकान के अन्दर की तरफ़ खुलने वाले छोटे दरवाज़े को खोल देता है। और दरवाज़े पर लात मारकर बन्द कर देता है।

रजनी के होश उड़ गए थे। नस-नस की चेतना की गाँठें खुल गई थी। वह वहाँ से निकल जाने के लिए एक पुरजोर फौलादी कोशिश करती है और क्षण भर में अपनी फौलादी कोशिश को पिघलते हुए देखती है। चैम्पियन की पकड़ के सामने उसकी कोशिश हास्यास्पद का दर्द लेकर ख़त्म हो रही थी। वह अपने को छोड़ने के लिए कहने के अलावा कुछ और कहती है कि चैम्पियन गिड़गिड़ाने लगता है, "तुम को यह बुरा लग रहा है लेकिन मैं तुमसे बहुत प्यार करता हूँ। ख़ुदा क़सम तुम मेरे प्यार को नहीं अपनाओगी तो मैं मर जाऊँगा...बरबाद हो जाऊँगा।" वह प्रतिवाद करती है, "तुम्हारे प्यार करने का यही तरीका है...पहले मुझे छोड़ो और जाने दो"। चैम्पियन के लिए रजनी की किसी बात का कोई मतलब नहीं था। वह लगातार अपने प्यार का राग अलाप रहा था और साथ में उसके हाथ, उसके होंठ अपनी हरकत से बाज नहीं आ रहे थे। उसकी यह हरकत रात के नशे में उतराती हुई उसे और बेजान कर रही थी।

वह धीरे-धीरे ढीली पड़ने लगी। इस ढीलेपन से धीरे-धीरे उसका नकार किसी अजानी गन्ध में घुलने लगा। जैसे सँपेरा भयानक और आज़ाद साँप को अपने कला-सम्मोहन से आख़िर में कैद कर ही लेता है और उस पिटारे में कैद साँप को देखने पर पता नहीं चलता कि थोड़े देर पहले का फुँफकारता-फनफनाता साँप यही था। कुछ वैसे ही रजनीगन्धा थोड़ी देर पहले की रजनीगन्धा नहीं रह गई थी।

दुकान से निकली तो रजनी एक खिन्नता के साथ चैम्पियन के वादे-क़समें-प्यार-वफा से लदी-फँदी थी। वहाँ से निकलते वक़्त चैम्पियन ने रजनी को एक स्टैंड वाला गुलाब का फूल यह कहते हुए दिया था कि देखो मैंने तुम्हारे लिए यह फूल एक साल से रखा है। रजनी ने फूल नहीं लिया था। हालाँकि इस अस्वीकार में सिर्फ़ उसका ग़ुस्सा ही था ऐसा नहीं कहा जा सकता। अगर ऐसा होता तो आगे चलकर रजनी को चैम्पियन की छाँह शिरी की छाँह से कैसे मिल जाती।

रजनी दुकान से निकलकर जब अपने घरवाली गली की तरफ़ मुड़ती है तो देखती है कि शिरी आ रहा है। शिरी को देखते ही रजनी को लगा कि उसके साथ बहुत कुछ हो गया है और ये अब आ रहा है। उसे शिरी पर बहुत तेज़ ग़ुस्सा आया था। लेकिन शिरी को परेशान देखकर कुछ बोल नहीं पाई। वह हँसने की कोशिश कर रहा था कि तभी उसे रुलाई आ गई। उसकी देह से पसीना तो बुरी तरह से बह ही रहा था, आँखों के आँसू उसके पसीने के प्रवाह को और हिलोर रहे थे। शिरी ना जाने क्यों इतना डरा हुआ था कि ख़ुद से बोलने लगा कि मैं गाँव जा रहा हूँ, सोचा तुमसे एक बार मिल लूँ। फिर ना जाने मिलना होगा या नहीं। रजनी को शिरी की यह बात चैम्पियन की बातों से मेल खाती हुई लगी। लेकिन उसने अपने को जज्ब किया और कहा, "देखो शिरी अभी तुम्हें मेरी नहीं डॉक्टर की ज़रूरत है। तुम पहले डॉक्टर के पास जाओ।" फिर उसने झूठ बोलते हुए कहा, "अभी मुझे पापा के साथ निकलना है नहीं तो मैं भी तुम्हारे साथ चलती। अभी तुम घर जाने के बारे में मत सोचो। मैं तुमसे कल मिलती हूँ।" रजनी चली गई थी। अभी उसे एक एकान्त की तलाश थी। शिरी उसे रोकना चाह रहा था और बताना चाह रहा था कि इस समय वह एक

ऐसी बीमारी से घिर गया है जो उसे हमेशा घबराहट की हद तक बेचैनी दे रही है। हर घंटे-दो घंटे पर इसका ज्वार इतनी जोर से उफान लेता कि बेचैनी का पहाड़ सिर्फ़ खुल के रोने से ही थोड़ा बहुत पसीजता। लेकिन रजनी चली गई थी। इसलिए वह भी लौट आया था। घर आया तो सीताकान्त महापात्र की एक कविता पर ध्यान चला गया। इन पंक्तियों को पोस्टर पर रजनीगन्धा ने कभी उकेरा था। पंक्तियाँ थी–

"क्या तू नहीं जानता रे पगले/आज जिसे चाहने लगा है इतना/लगता है जिसके बिना पल भर असार जीवन/कल जीना होगा/उसके बिना दीर्घकाल/असंख्य अर्पण पल, अन्तहीन रातें और दिन।"

सीताकान्त महापात्र की यह कविता उसे तब बहुत भली नहीं लगी थी या फिर उस समय उसके लिए कोई मतलब नहीं था लेकिन इस समय ये पंक्तियाँ इतनी भली लगी थीं कि वह आरा चला आया था।

तीन-चार दिनों तक रजनी घर से निकली नहीं थी। तीन चार दिनों के एकान्त ने उसे और घेरे में ले लिया था। उसने शिरीष को फ़ोन किया तो पता चला कि वह गाँव चला गया है। रजनी को लगा कि मैंने तो उससे मिलने के लिए कहा था। मैंने फ़ोन नहीं किया तो मुझ से बिना बताए क्यों चला गया? ऐसा क्यों कर रहा है मेरे साथ? उस दिन चैम्पियन ने मेरे साथ अपने दुकान में जो किया उसको शिरी ने देख तो नहीं लिया था, तभी तो वह रोते हुए मिला था। वह तो कितना भी परेशान होता था लेकिन मुझे सामने पाकर सबकुछ जज्ब कर लेता था। ऐसा कभी नहीं हुआ कि मैं और वो अकेले है और उसे रुलाई आ गई हो। कभी कुछ नहीं सोचनेवाली रजनी अपनी हर साँस के साथ एक नई उलझन में उलझती जा रही थी। उसे लगता है उसकी ज़िन्दगी को माठे की तरह मथ कर उससे सब कुछ निकाला जा रहा है।

चैम्पियन के लिए तीन-चार दिन ऐसे गुज़रना बड़ी बात थी। रजनी के पापा ने उससे कभी घर में ए.सी. लगाने की बात कही होगी इसलिए वह रजनी से मिलने के बहाने कई कम्पनियों के ए.सी. की प्राइस लिस्ट लेकर आया था। घर पर पापा नहीं थे। रजनी ने दरवाज़ा खोला और उसको देखकर यह

कहते हुए कि पापा नहीं है। दरवाज़ा बन्द कर दी थी। वह गिड़गिड़ाता रह गया था कि एक बार मेरी बात सुन लो। वह दरवाज़े के पास खड़ी होकर उसकी आहट से उसके जाने का इन्तज़ार करने लगी। लेकिन वह अभी वहीं खड़ा था और घंटी बजाने के बजाए दरवाज़े पर हल्की थाप देता और अपने जूते को रगड़ता। जब रजनी ने उसकी एक नहीं सुनी तो उसने दरवाज़े के नीचे से एक चिट घुसेड़ दिया। जिस पर लिखा था, "जानम समझा करो। तुम्हें देखे बिना मैं नहीं जी सकता। आई लव यू।" रजनी ने काग़ज़ को उठाया और अपने कमरे में आ गई।

कमरे में लेटे हुए वह चैम्पियन की चिट को देख रही है। उस चिट पर उसे शिरीष के साथ के कई चित्र दिखते हैं। वह काग़ज़ से अपना चेहरा हटाती है तो दरवाज़े पर दस्तक देता चैम्पियन खड़ा दिखता है। अपना चेहरा दूसरी तरफ़ करती है तो रोता हुआ शिरीष दिखाई देता है। वह करवट बदल लेती है और चिट को सर के बगल में रख देती है। वह इस बात पर हिल जा रही है कि शिरी उसे मिले बग़ैर घर कैसे चला गया। ठीक है उसे नहीं मिलना था तो नहीं मिलता लेकिन कम से कम उसे बताकर जाना चाहिए था। वह फिर करवट बदलती है। फिर उसे चैम्पियन की दस्तक सुनाई पड़ती है। वह एक लम्बी साँस लेती है। उसे अच्छा नहीं लग रहा है कि कई दिनों से शिरी उससे कम मिलने लगा है। मिलते हुए भी एक दूरी का अहसास साथ लिए चल रहा है। वह एक और करवट लेती है और चिट को फिर से अपने हाथ में ले लेती है। उसे देखती है और फिर धीरे-धीरे उसकी आँख बन्द होने लगती है। उसे लगता है चैम्पियन उसके ऊपर झुकता चला आ रहा है। वह उस चिट को तकिए के नीचे डाल देती है। दुकान वाली घटना के बाद उसे पहली बार इतनी मीठी नींद का अहसास होता है। जब आँख खुलती है तो वह पहले चैम्पियन के पास जाती है। चैम्पियन उसे एक कमरा दिखाता है और कहता है कि हम यहीं मिलेंगे। रजनीगन्धा को क्षण भर के लिए उस दिन की याद आ जाती है जब उसने मिलने के लिए शिरीष से कहा था कि भारद्वाज पार्क में मिलेंगे। लेकिन उसकी याद क्षणांश में ही चैम्पियन के द्वारा बिस्तर पर खींच लेने से काफूर हो गई थी। रजनीगन्धा ने चैम्पियन के साथ अपनी मुलाकत को इस तरह से जोड़

लिया था कि वह भूल गई थी कि उसने कभी किसी लड़के के लिए कहा था, "यह सब नहीं चलेगा...क़ायदे से रहना सीखो।"

रजनीगन्धा के ये वे दिन थे जहाँ उसे कुछ ध्यान से हटाना या कुछ भूलना अच्छा लग रहा था। लेकिन अब उसके चलने पर इलाहाबाद के रास्तों का कोई सहारा नहीं होता और संगम की बावली हवाएँ भी उदास सी रहने लगीं थीं। चलते हुए अक्सर उसके पैर लड़खड़ाने लगते। और चैम्पियन था कि कोई मौक़ा नहीं छोड़ना चाहता। और एक दिन उसे पता चला कि वह गर्भ से है। चैम्पियन उसे डॉक्टर के पास ले जाने की बजाए अपने अनुभवों से दवा लेकर आया था। उस दवा को देखते ही रजनी सिहर गई। इतने बड़े-बड़े कैपसूल वो भी बिना डॉक्टर के। मैं नहीं खा पाऊँगी। चैम्पियन कुछ चुप्पी के बाद बोला, "खा लो कुछ नहीं होगा।" रजनी भी ठहर के बोली थी, "तुम इतना सब कुछ कैसे जानते हो?" उसने हँसते हुए कहा था, "मैं उन बेवकूफो में नहीं हूँ जो अपने चक्कर में किसी लड़की की ज़िन्दगी तबाह कर देते हैं। अरे जब प्यार कर रहे हो तो और सब चीज़ों का भी तो ध्यान रखो।" रजनी इस सफाई से राहत पाने की बजाए सहम गई थी और ख़ुद डॉक्टर के पास चली गई थी। रजनी का अपने मन से डॉक्टर के पास जाना चैम्पियन को खटक गया था, फिर वह थोड़ा जल्दी हो गया जो चैम्पियन चाह रहा था।

शिरीष इस बार अपनी बीमारी से इतना डर गया था कि ख़ुद ही डॉक्टर के पास जाने के लिए कहने लगा। अब उसे प्वाइंट फाइव एम.जी. की उन्हीं छोटी-छोटी गोलियों से प्रेम हो गया था। उसकी दवा क़रीब तीन महीने ही चली थी कि उसे लगने लगा कि वह अच्छा हो गया है। वह फिर से अपनी बढ़ी हुई खुराक के साथ इलाहाबाद आ जाता है और दवाई को यह कहकर बाय-बाय करता है कि क्या मस्त दवाइयाँ थीं। वह ख़ुद से कहता है कि उसे कुछ नहीं हुआ था। बस वह कुछ दिनों से सुख रोग का शिकार हो गया था। सिविल-सिविल का राग अलापनेवाले उसके दोस्त खोते जा रहे थे और कभी किसी मोड़ पर मिले हुए साहित्यिक दोस्त साथी रह गए थे। यूनिवर्सिटी रोड जाता लेकिन यह पता चलने पर भी कि निराला सभागार में गोष्ठी चल रही है, नहीं जाता। नाटक देखना भी बन्द कर दिया था। शिरी की इस हेरा-फेरी में

रजनीगन्धा भी प्रेमिका से अपदस्थ होकर किसी मोड़ की साथी रह गई थी। हालाँकि अब भी वह अपने दोस्तों से कहता था कि वह जिससे प्रेम करता है उससे वह असल में और दिल से भी डाइरेक्ट मसूरी में ही मिलेगा। इसके साथ ही उसे लगने लगता है कि सच में वह दुनिया का सबसे शक्तिशाली इनसान है। उसका यह लगना उसे इतना ख़ुश कर देता कि उसे लगता कि समय भी उसकी मुट्ठी में बँध गया है। तभी तो मसूरी में मिलने की बात बस आज की बात के ठीक बाद की बात लगती। उसे हर एक दो घंटे पर इतनी बेचैनी होने लगती कि उसे हँसी आ जाती थी और वह ख़ूब ठहाके लगाता।

इन्ही ठहाके भरे दिनों में वह जी रहा था कि रजनीगन्धा का फ़ोन आया था। शिरी के फ़ोन उठाते ही ना जाने क्यों रजनीगन्धा औपचारिक जैसी हो गई थी, "तुम कैसे हो...?" शिरीष कुछ कहने के बजाए हँसने लगा। हँसने लगा तो उसकी हँसी थमने का नाम ही नहीं ले रही थी। उसे घंटा भर हो गया था हँसे हुए। वह किसी तरह से आधी हँसी रोकते हुए कहता है, "साली ये बेशर्म हँसी रुके तब तो मैं कुछ बात करूँ।" रजनीगन्धा को पल भर के लिए लगा कि उसका अपना शिरीष ही उस पर हँस रहा है। वह सोचने लगी कि वह अपनी हँसी को नहीं मुझे ही "साली बेशर्म" कह रहा है। क्या उसका शिरी उसके बारे में सब जान गया है! जानने के बाद ही तो कोई ऐसा हँस सकता है। वह फ़ोन कट करनेवाली थी कि तब तक उसने अपनी हँसी को काबू में करते हुए कहा, "तुम बताओ कैसी हो। मैंने तो सोचा था कि तुम फ़ोन करते हुए कहोगी कि कब मिलने आ रहे हो...? मसूरी में मैं तुम्हें दुलहन बनाऊँगा इसका मतलब ये तो नहीं हुआ कि कुछ देखा-सुनी भी न हो..." इतना कहकर वह फिर हँसने लगा। रजनी को थोड़ी राहत मिलती है कि उसमें अब भी वह मौजूद है। फिर कहती है, "शिरी सच में मैं तुमसे मिलना चाहती हूँ। वो भी बहुत जल्दी। कब आ रहे हो...आ जाओ ना अभी थोड़ी देर के लिए"। शिरी हँसते हुए कहता है, "बस थोड़ी देर के लिए...?" फिर हँसने लगता है। उसकी इस बार की हँसी रजनी की आत्मा दुखा देती है और वह फ़ोन कट कर देती है। शिरीष कई बार फ़ोन करता है तो एक बार उठा कर कहती है, "तुम्हें इतनी हँसी क्यों आ रही है।" वह फिर हँसने लगता है। हँसते हुए कहना चाह रहा था कि वह आ रहा

है लेकिन रजनी फिर से फ़ोन कट कर देती है। वह उसे मिलने के लिए मैसेज करता है फिर देर तक हँसता रहता है। पता नहीं शिरीष की यह हँसी बीमारी से उबरने के बाद की हँसी थी या दवाइयों के छूट जाने के बाद की। वह हँसने में भूल गया था कि उसे अपनी लैला से मिलने जाना है।

इसी बीच वक़्त ने नए लिबास धारण किए। साल का पहला दिन था। जितना कुहासे की सर्दी थी उससे कहीं ज़्यादा नए साल के उल्लास की गर्मी रजाई की तरह चारों तरफ़ फैली हुई थी। शिरी अपने दोस्तों के साथ सरस्वती घाट पर घूमने गया था और यहीं पर उसे रजनीगन्धा दिखाई पड़ी थी। रजनीगन्धा शिरी को देखते ही यह भूल गई थी कि शिरी की हँसी उसे चिढ़ा रही थी और उसके पास भागती हुई चली आई थी। उसका भागते हुए आना बता रहा था कि वह बहुत परेशान थी लेकिन दोस्तों के बीच उसे देखकर कुछ कह नहीं पाई। वह चाहती थी कि शिरी को किनारे ले जाकर बात करे लेकिन शिरी को हँसे हुए घंटा भर हो गया था। रजनी कुछ और उससे कहना सुनना चाह रही थी लेकिन वह अचानक से यह कहकर हँसने लगा कि मैं यहाँ रंगीनियाँ देखने आया हूँ...उसकी हँसी लगातार बढ़ती जा रही थी। रजनी उसकी हँसी को देखते हुए सोचने लगती है कि शिरी को जब पता चलेगा कि मैं कहाँ चली गई हूँ तब वह क्या सोचेगा। फिर भी वह इसी तरह से हँसता रहेगा। रजनी जा रही थी तो शिरीष दौड़ते हुए उसके पास आया। अभी भी वह हँस रहा था। उसने रजनी की बाँह थामी और सहेलियों से किनारे ले गया। फिर उसने वही बात कही थी जिसका जिक्र मैं ऊपर कर चुकी हूँ, "हर आदमी योद्धा क्यों नहीं होता है अगर ऐसा नहीं हो सकता तो जो योद्धा हैं वे भगोड़े बनने से पहले मर क्यों नहीं जाते।" रजनी को इस बार लगा था कि वह बिना मतलब बोल रहा है। शिरीष की इस बात को लेकर उसे लताड़ने का मन कर रहा था लेकिन इस समय सचमुच उसे किसी योद्धा की ज़रूरत थी। रजनी चुप-चाप उसे देख रही थी कि शिरी ने अपनी बात में एक और वाक्य जोड़ा, "तुम्हें तो इस बात पर ख़ुश होना चाहिए कि एक योद्धा तुमसे प्रेम करता है।" इतना कहकर वह फिर हँसने लगा था। रजनीगन्धा चली गई थी और शिरी ने हँसते हुए उसे बाय किया था।

परिन्दों की उड़ान से कहीं ज़्यादा उड़ता है/वक़्त का एक ठहराव/ ठहरे हुए समय में इन्तज़ार भूमि से भारी और पानी से हल्का शब्द हैं/जाना एक स्वाभाविक और ख़तरनाक क्रिया बन के चली जाए/ चलने के लिए एक सायास और साहसिक क्रिया गढ़ ली जाए। (आभार और क्षमा के साथ कि यहाँ केदारनाथ सिंह की कविता की एक पंक्ति "...जाना हिन्दी की सबसे ख़तरनाक क्रिया है..." को संश्लेषित किया गया है।)

नए साल के शुरू हुए सप्ताह भर हो गया था। चाय के साथ शिरी ने पेपर उठाया तो उसकी भौंहें सिकुड़ने लगीं और आँखें फैलने लगी। "इलाहाबाद ब्लू सीडी कांड"। इस ख़बर के साथ चैम्पियन की तसवीर देखकर उसका माथा ठनक गया था। ख़बर में कुछ इस तरह की बातें है। "प्रेमी ने प्रेमिका की बेवफाई के कारण उसके साथ शारीरिक सम्बन्धों की सीडी बनाकर बाजार में बेचनी शुरू कर दी थी। पुलिस के लम्बे हाथों से बच नहीं पाया। महबूब (बदला हुआ नाम) नाम का यह युवक सीडी की दुकान चलाता था उसे पड़ोस की एक लड़की (बदला हुआ नाम) से प्रेम हो गया था। प्रेमी को जब पता चला कि उसकी प्रेमिका का सम्बन्ध उसके मुहल्ले के कई लड़कों से है तो उसे यह बेवफाई बरदाश्त नहीं हो पाई। उसने अपने साथ के सम्बन्धों की सीडी को मार्केट में जारी कर दिया।"

शिरी हिल गया था। उसे अब लगता है कि रजनी उससे नए साल के दिन कुछ कहनेवाली थी और इतने दिन से क्यों बुला रही थी। वह भागता हुआ रजनी के घर जाता है, लेकिन यहाँ स्थिति कुछ और ही है। रजनी के घर के आगे पुलिस लगी हुई है। शिरी को लौट आना पड़ता है। शिरी का यह लौटना फिर से अँधेरे की तरफ़ लौटना होता है। लौटते हुए उसे रह-रह के हूक उठती है। कैसे हो गया यह सब। वह कहाँ था...? उसे फिर से प्वाइंट फाइव एम.जी. की छोटी-छोटी गोलियों की ज़रूरत महसूस होने लगती है। सोचता है कि मुहल्ले के लड़कों में तो वह भी था। रजनी ने उसके साथ ऐसा कुछ क्यों नहीं किया। न्यूज से ब्लू न्यूज की तरफ़ बढ़ रही मीडिया से उसे सिहरन होती है।

इसी बीच पता चला कि उसके कुछ दोस्त इलाहाबाद ब्लू सीडी कांड वाली फ़िल्म को लहा लिए है जिसे आज रात में देखेंगे। शिरी ने दोस्तों से नहीं बताया था कि उस फ़िल्म में उसकी अपनी रजनी है। वह नहीं चाहता था कि दोस्त उस फ़िल्म को देखे। वह किसी तरह से कैसेट ग़ायब करने के चक्कर में पड़ता है लेकिन लड़के उसकी पहरेदारी इतनी अच्छी तरह से करते है कि उसे कोई मौक़ा हाथ ही नहीं लगता। वह लड़कों से यह कहकर डराता है कि इस समय पुलिस पीछा कर रही है। गड़बड़ हो जाएगा। कल हम सब अपने गमछे से मुँह ढक कर अखबार में दिखेंगे। इस पर एक लड़के ने कहा, "चुप रह मरदवा। बिहार के भूमिहार होए के एत्ता डर रहे हो।" लड़के की बात शिरी में कहीं गहरे से धँस गई थी। उसे रजनी की क़सम याद आ गई। वह एकदम से चुप होकर लड़खड़ाते हुए वहाँ से हट गया था।

शिरी भी लड़कों के साथ सीडी देखता है। सीडी दारागंज के उन्ही वैद्य जी के मकान के एक कमरे में चल रही है जिसके नीचे कभी निराला जी रहा करते थे। वह जिन सीनियरों की सिंसिऑरिटी को देखकर बात करने में हिचकिचाता था उनमें से किसी ने आज व्यवस्था प्रबन्धन का जिम्मा सँभाला था तो किसी ने सीडी संचालन का। एक महोदय तो रिमोट से दृश्यों को रोक-रोक कर अंग-प्रत्यंग का चित्र ले रहे थे। इस बीच शिरीष जले हुए कोयले सा सफ़ेद राख होता जा रहा था। वह जिससे डाइरेक्ट दिल से मसूरी में मिलने वाला था, जो उसके भविष्य में शामिल थी, जिसके साथ उसे साझेदारी करनी थी; इलाहाबाद की सड़कों पर छतिग्रस्त हो रही थी।

शिरीष की यह वही रजनीगन्धा थी जो संगम की एक धारा थी। शहरों के सफ़र में सचेती इलाहाबादी संस्कृति का यह वह दिन था जहाँ से इलाहाबाद ने भी दुनिया के देह मनोरंजन के बाजार में अपनी दावेदारी की घोषणा की थी और एक युवक अपनी भविष्य की पत्नी की ब्लू फ़िल्म देख रहा था। असल में यहाँ समय ने एक घोषणा के साथ ख़ुद को रेखांकित किया था कि देखो सब अपनी आँखों के अलावा और जो भी आँखें हैं उसे खोलकर देखो। प्रेमिकाओं और पत्नियों को ब्लू फ़िल्म में देखने का समय यहाँ से शुरू हो गया है।

शिरी के लिए यह सब देखना सम्भव नहीं था। निखालिस बेचैनी के साथ

भागते हुए वह अपने कमरे पर पहुँचा। उसकी समझ में नहीं आ रहा था कि उसे ज़िन्दगी में भयानक-भयानक हादसे क्यों देखने को मिल रहे हैं। जिस रजनी को लेकर वह कभी इतराया करता था, आज उसके बारे में चुप है। बार-बार उसके सामने चैम्पियन के बालों से खेलती रजनी का चेहरा ही सामने आ रहा है। उस चेहरे में रजनी की पहली जनवरी की परेशानी नज़र नहीं आ रही थी। शिरी को फ़िल्म में चैम्पियन के बालों में अगाध प्रेम से उँगली फेरती रजनी दिखती है। वह चैम्पियन के चेहरे को अपनी उत्तेज़ना और समर्पण के चुम्बन से पाट दे रही थी। सिविल की तैयारी ने मुझे कहाँ छोड़ दिया है। क्या मैं कभी रजनी को इलाहाबाद की पहली सुबह की तरह नहीं पा सकूँगा।

अगले दिन उसके दोस्त सीडी विमर्श करते हैं। कोई लड़की को नमकीन बताता है तो कोई उसे काटने की बात करता है। लोग रजनीगन्धा के चरित्र-चित्रण में इतने अन्धे हो गए थे कि उन्हें चैम्पियन का धोखा नहीं दिखता। वे सोचना भी नहीं चाहते थे कि फ़िल्म को पूरा करने के लिए चैम्पियन ने जिन दो लड़कियों का इस्तेमाल किया था, वो क्या था? लेकिन शिरीष निराला से पूछता है कि आपने इसी इलाहाबाद के रास्ते पर एक लड़की को पत्थर तोड़ते हुए देखा था तो उसकी बात कही थी। आज इस लड़की के पर कतरे जाने पर क्या लिखते? निराला जी बिना कुछ बोले कमरे से निकले और भागने लगे। शिरीष उनके पीछे-पीछे आवाज़ देते हुए चला आ रहा है लेकिन वे रुक नहीं रहे हैं। उनके लम्बे-लम्बे डग से धरती काँप रही हैं। थोड़ी देर में उनके बीच की दूरी इतनी बढ़ गई कि शिरी की नज़रों से वह ओझल होने लगे। शिरी धरती के काँपने को महसूस कर उनके पीछे भागा जा रहा था। अब धरती का काँपना बन्द हो गया था। संगम के रेतीले विस्तार पर पुरकैफ हवाएँ टूट कर गिर रही थीं। तभी एक चीत्कार सुनाई दी। शिरीष चीत्कार की तरफ़ भागते हुए गया तो देखता है कि निराला जी की लाश पड़ी है और पत्थर तोड़नेवाली औरत दहाड़ मारकर रो रही है। बहुत हिम्मत करके शिरीष ने उससे पूछा कि कैसे हो गया यह सब तो औरत ने रोते हुए बताया, "संगम पर तुम्हरी लैला को देखने आए रहन बाक़ी लैला को देखकर सब ताली पीट रहे थे अउर पत्थर मार रहे थे तो इनसे देखा न भवा। इ चिल्लाने लगे कि उ हमरी सरोज है। बाक़ी कउनो नै

सुन रहा था उनकी बात। सब नाच रहे थे अउर ताली पीट रहे थे एत्ते में इनकी साँस बन्द होए गई।" औरत फिर दहाड़ मारकर रोने लगी थी। शिरीष भागते हुए कमरे पर आया था और आते ही कमरे में गिर गया।

रजनीगन्धा को परिवार सहित यह शहर छोड़ना पड़ा था। इसलिए शिरीष के पास इन दिनों ख़ुद से सवाल करने के अलावा कुछ बचा नहीं था। एक दिन वह तय करता है कि रजनी के साथ अपने सम्बन्ध और उसके साथ हुए हादसे की सारी बातें घर में बता देनी चाहिए। भैया को बताते हुए शिरी ने यह भी कह दिया कि आप रजनी को खोजने में मेरी मदद करिए। शिरी की बातें सुनकर भैया को लग गया था कि अब इसका कुछ होने वाला नहीं है। भैया कहते हैं कि तुम चले आओ। तुम्हें जो करना है यहीं आकर करो।

शिरीष की ज़िन्दगी का यह ऐसा दौर है जिसमें इलाहाबाद उसमें साँस की तरह धड़कता था, वह साँस के बिना जी सकता था लेकिन रजनी का भी तो इलाहाबाद छुड़वा दिया गया था। शिरी की पहलेवाली परेशानी कहीं और भयावह होकर बढ़ रही थी। फिर से उसे घंटे-दो घंटे पर दौरे की तरह रुलाई आने लगी थी। इस बार वह इलाहाबाद छोड़ना नहीं चाहता था लेकिन भैया थे कि इस बार उसी तरह से दृढ़ हो गए थे जैसे अपनी ज़िद की वजह से आरा में आकर बस गए थे, जिस दृढ़ता से उन्होंने शिरी को इलाहाबाद भेजा था।

भैया भाभी को लेकर उसे ले जाने के लिए आ गए थे। वह लगातार मिन्नतें करता कि वह सही से पढ़ रहा है, उसे यहीं रहने दिया जाए, मेरी दवा भी चल रही है। कुछ नहीं होगा तो पान की दुकान खोल लूँगा लेकिन इलाहाबाद नहीं छोड़ूँगा। वहाँ जाकर मेरी तबीयत और ख़राब हो जाएगी। इस पर भैया ने भड़कते हुए कहा कि तुम्हारे पागलपन का इलाज कराने के लिए मेरे पास पैसे नहीं है। कमरे में अचानक शान्ति जम गई थी। शिरीष की माँ छूटी तो भाभी मिल गई। गाँव छूटा तो आरा मिल गया, आरा छूटा तो इलाहाबाद। आज उससे इलाहाबाद भी छुड़ाया जा रहा हैं। थोड़ी देर में भाभी की सुबकने की आवाज़ से कमरे की शान्ति पिघलने लगी थी। शिरी भाभी के चेहरे को देखता है और कहता है कि मैं चल रहा हूँ।

रजनीगन्धा के बाद शिरीष का भी इलाहाबाद छुड़वा दिया गया था जिसे

वह 'इलाहाबाद के दिन बीत गए थे' कहकर बीते हुए दिन को याद कर रहा था। रजनीगन्धा गुमनामी में जी रही थी और शिरीष अफवाहों के साथ आरा में अपनी ज़िन्दगी काटने लगा था। इधर बीच दुनिया बदल गई थी और लाठी में तेल पिलानेवाली सरकार भी। मोबाइल फ़ोन हवा-पानी की तरह लोगों में घुल गया था और नेट ने इतना खोल दिया था कि अब छुपाकर दिखाना एक व्यवसाय होता जा रहा था और कुछ हद तक ज़िन्दगी भी। ज़िन्दगी में कला होती ही है इसलिए कला भी उतनी ही संक्रमित हुई जितने ताजमहल के रंग। ऐसे में रियल विडियोज की बाढ़ आ गई और दलाल और दलाल हो गए। कुछ लड़कियाँ हीरोइनें बन गईं और कुछ रुदाली। फिर भी समय वही था लेकिन उसके प्रारूप बदल गए थे।

प्रारूप को बदलाव मानकर दुनिया हँसने का अभिनय कर रही थी और ख़ुशी के आभास में मरी जा रही थी। लेकिन शिरीष रजनीगन्धा के पास अटका हुआ था और रजनीगन्धा इस अँधेरे से उस अँधेरे विस्थापित होते हुए भी अपनी हँसी बचा रही थी। मिलने की हर कोशिश में शिरीष हार रहा था और अपनी जाति से लड़ रहा था लेकिन अब भैया भूमिहार की लड़की से शादी कराने में और भूमिहार होते जा रहे थे। शिरी जब भी इलाहाबाद की बात करता उसमें सिविल कहीं शामिल नहीं होता जिसे भैया जानते भी थे, इसीलिए इलाहाबाद को आरा में बदल देते। भैया रह-रहकर अपनी जीवन की सबसे बड़ी भूल शिरी को इलाहाबाद भेजना मानकर दुखित होते जा रहे थे और शिरी को जब भी हूक उठती रजनी को खोजने के लिए निकल जाता। रजनी से मिलने-जुलने के दौरान जो भी बातचीत हुई थी शिरी उसमें से कोई सिरा पकड़ के उन शहरों में खोजने के लिए निकल जाता कि फलाँ शहर में उसके एक रिश्तेदार रहते है तो फलाँ में कोई और। लेकिन कुछ भी हाथ नहीं लगता था। ऑरकुट और उसके मेल पर भी उसने मैसेज डाल दिया था और हर रोज़ उसके रिप्लाई के इन्तज़ार में अपना एकाउंट चेक करता और निराशा से भर जाता। ऐसा करते हुए कई महीने हो गए थे। धीरे-धीरे उसके मन में ये बातें जमा होने लगी थी कि रजनी के साथ उसका जो कुछ भी था उसे अपनी ज़िन्दगी का दूसरा हादसा मान कर उससे आँखें चुराने की कोशिश की जाए।

कोई भी शहर कितना भी बढ़िया क्यों ना हो उस व्यक्ति के लिए उस शहर का स्थान नहीं ले सकता जिस शहर में उसने पूरे होश हवास में प्यार किया हो। शिरी को संगम के बिना आरा बेजान सा लगता और वह गंगा के किनारे बैठकर आरा में लैला की धाराओं को खोजता। उसका खोजना पानी में पड़े कंकड़ से उत्पन्न तरंगों की तरह एक दूरी के बाद गुम हो जाता। फिर वह बेचैनी में बाइक उठाकर आरा से बाहर सोन किनारे जाकर बैठा करता। सोन का रेतीला विस्तार और उस पर का पुल कुछ-कुछ इलाहाबाद के कछार का एहसास कराते।

आँसू नहीं होते/कटे हुए शरीर के ख़ून की तरह/बहते रहेंगे बार-बार पोछने पर भी/आँधी झेलती टहनियों के पत्ते झड़ने पर भी/शाख अपनी रंगत नहीं खोते/बार-बार खोने से आदमी की आत्मा गुम नहीं होती/लौट आता है मन फिर से हमें पाने के लिए/फिर से लोग अपने-अपने घरों से निकलते है सूरज को देखने के लिए।

(सीताकान्त महापात्र की पंक्तियों के साथ छेड़छाड़ के लिए क्षमा)

वह बात दो हज़ार चार की सर्दी की थी जब रजनीगन्धा को फ़िल्म में धकेल दिया गया था। अब नई सदी ने एक दशक पूरा कर लिया है और शिरीष भी बेमन से एल.एल.बी. का कोर्स पूरा करके भैया की तरह काला कोट पहनकर वकालत करने लगा था। काले कोट की चमक से एक बार तो उसे लगा कि फिर से उसकी दुनिया बन सकती है। फिर से वो अपने अतीत और हादसे से मुक्ति पाकर अपने अस्तित्व को बचा सकता है। लेकिन कोर्ट जाते हुए उसे तीन-चार महीने भी नहीं हुए थे कि उसे लगने लगा कि वो कहाँ जा रहा है। ऐसी हालत में वो इलाहाबाद के साहित्यिक मित्रों से फ़ोन पर बातचीत करके दिल को बहला लेता। आख़िर दिल को कब तक बहलाया जा सकता है? यह सवाल दिनों पर दिन उसके लिए मुश्किल पैदा कर रहा था। इसी उलझन में फिर से उसने अपनी शादी कैंसिल कर दिया था। कभी-कभी उसे इच्छा होती कि किसी ऐसी जगह चला जाए जहाँ उससे किसी का वास्ता ना हो। उसे हिमालय पर बसे साधु-सन्तों का ख़याल आ जाता।

ऐसे ही किसी ख़याल में डूबा वह एक दिन कोर्ट जाना स्थगित कर देता

है और फ़ेसबुक पर हर बार की तरह रजनी की तलाश करता है और हर बार की तरह उसे निराशा ही हाथ लगती है। इस बार ना जाने क्यों उसके मन में आता है कि रजनी को लेकर कुछ अपडेट करे। बहुत सोचने समझने के बाद वो अपडेट करता है, "संगम पर जो सरस्वती के अलावा एक और धारा नहीं दिखाई दे रही है वो लैला है।"

अगले दिन जब अपना एकाउंट चेक करता है तो पाता है कि कुछेक लाइक करनेवाले लोगों में लैला नाम की एक लड़की भी है। वह तुरन्त उस लड़की की प्रोफाइल खोलता है। प्रोफाइल पिक्चर में लड़की की तसवीर की जगह पहाड़ और घने जंगल का सिनारियो था। एलबम में भी सात आठ तसवीरें थीं जिसमें सब सिनारियों वाली ही थीं। एबाउट के बारे में बस फ्रॉम इलाहाबाद और लिव्स इन मुम्बई दर्ज था। इससे ज़्यादा कुछ डिटेल्स भी नहीं था। देखने से पूरा फेक प्रोफाइल लगता था। फिर भी वह सोचने लगा कि आख़िर जब मैंने इस लड़की को अपना फ्रेंड बनाया होगा तब इस नाम को लेकर इतना क्यों नहीं चौका था। वो तुरन्त प्रोफाइल के मैसेज में टेक्सट करता है कि तुम रजनी हो ना? मैं शिरीष। कहाँ हो तुम? देखो तुम क्यों छुप के रह रही हो? मैंने तुम्हें कहाँ-कहाँ नहीं खोजा। प्लीज मुझसे एक बार बात करो। फिर अपना नम्बर देता है और उसके रिप्लाई के बारे में सोचता ही है कि उधर से रिप्लाई आ जाता है।

बहुत सारे सवाल, हर सवाल के आधे पौने जवाब फिर भी पूरे जवाब की कोई चाहत नहीं। रजनी जानते हुए भी कि शिरी फ़ेसबुक पर मौजूद है क्यों नहीं तब उससे बातें की। यह सवाल ऐसा था जिसके कई जवाब रजनी के पास थे फिर भी उसने इतना कहा कि मैं हर पत्रिका पलटती रही। तुम कहीं नहीं दिखे। मैं देखना चाह रही थी कि तुम जो लिख रहे हो उसमें मैं किस तरह से दर्ज हूँ। लेकिन तुम तो कहीं दिखे नहीं। फिर मैं किस लिहाज़ से मानूँ कि तुम मेरे रह गए हो। जब मैं बुरी तरह फँसी हुई थी और तुम हँसते हुए घूम रहे थे उसके बाद मैं क्या कह सकती थी। तुम चाहते तो सब रोक सकते थे। लेकिन जब तुमने आज का अपडेट लगाया तो मुझे लगा कि एक तुम ही हो जो मेरी शुरुआत को जानते हो।

इस चैट के बाद शिरी को समझ में नहीं आता कि क्या कहे। अपनी

उलझन के साथ टाइप करता है, "मैं आ जाऊँ?" तो चैट का धाराप्रवाह सिलसिला एकदम ग़ायब हो जाता है। शिरी इन्तज़ार करते हुए, क्या हुआ, क्या हुआ...कहाँ चली गई...प्लीज...अच्छा चलो ना ही कह दो, जैसी बातें टाइप करता रहा। फिर भी उधर से कोई रिप्लाई नहीं आया। अगले दिन भी नहीं आया। शिरी को अफसोस हो रहा था कि इस दरमियान उससे उसका फ़ोन नम्बर क्यों नहीं माँग लिया।

शिरी आने वाले दो दिन तक बिना रिप्लाई का मैसेज करता रहा और तीसरे दिन मुम्बई में था। मुम्बई में सी.एस.टी. स्टेशन पर पहुँचकर टेक्स्ट करता है मैं मुम्बई में हूँ। कहाँ आना है मुझे? तुरन्त रिप्लाई आता है

— कब जाओगे?

— तुमसे मिलने के बाद।

— तो फिर लौट जाओ।

— क्यों?

— मैं सोचती थी कि तुम हमेशा के लिए आओगे।

— मान लो हमेशा के लिए ही आया हूँ।

— मान लो नहीं। साफ़ साफ बताओ मैं पहले की रजनी नहीं रह गई हूँ।

— जब ये बात है तो मैं लौट जाता हूँ। जाऊँ?

— हाँ यहीं अच्छा रहेगा तुम्हारे लिए?

— अरे यार मैं स्टेशन पर धक्के खा रहा हूँ।

— आसपास किसी होटल में ठहरो मैं आ रही हूँ।

फिर से दोनों मिले किसी फ़िल्म में बिछड़े यार की तरह। लेकिन यह ज़िन्दगी थी और ज़िन्दगी सुखद अन्त पर ख़त्म होती फ़िल्म से अपनी सहमति जताते हुए भी यथार्थ के सिरों से अपने को मुक्त करने के लिए बेचैन थी लेकिन इतना साफ़ हो चुका था, कम से कम रजनीगन्धा की तरफ़ से कि उसके पास शिरी के आ जाने से उसे ऐसा लगता है कि मुम्बई में एक इलाहाबाद भी रहता है।

(आप की तरह मैं भी सोच रहा हूँ कि रजनी ने कहानी में उस

हिस्से को क्यों ग़ायब कर दिया जब इलाहाबाद उससे छुड़वा दिया गया था? फिर इलाहाबाद छोड़ने के बाद वाले हिस्से में मुझे ही क्यों रखा? जबरदस्ती का नायक मुझे क्यों बना रही थी? इसलिए कि उसे एक ऐसा लड़का प्यार करता था जो एक अरसे तक साथ रहने के बाद भी उसका नहीं हो पाया था पर जो उसका साथ पाकर बिल्कुल बदल गया था? लेकिन पता नहीं मेरे अन्दर कौन सी कील गहरे तक धँसी थी कि मैं उनसे निकल ही नहीं पा रहा था। उन गर्भों को ख़त्म करने की बात जो बड़े होकर प्रतिरोध कर सकते थे, अब तक किसी घोषणापत्र में नहीं थी। फिर भी जब ऐसे घोषणापत्र रचने वाले मुखिया को मार दिया गया था तो मैं दिनभर टी.वी। देखता रहा और अपने आँसू दबाने की कोशिश करता रहा। यहाँ बताने की ज़रूरत नहीं कि दबाए हुए आँसू कहाँ से और कैसे फूटते हैं। हर बाइट, हर शॉट, हर ब्रेकिंग पर टीवी से पूछता रहा कि ऐसे मुखिया पैदा हुए ही क्यों? कौन पैदा किया था? सरकार कौन थी? लोकतन्त्र था या राजतन्त्र? क्या कोई तन्त्र समाज को बदलता है? कौनं था तब बिहार का राजा? क्या उसके सिपाही सब कुछ रोक सकते थे? गरीबों का मसीहा अपने गरीबों को बचा सकता था? उन्हें लौटा सकता था उनकी ज़मीन? उनके श्रम की क़ीमत दे सकता था अपने तन्त्र से? अगर वो देता तो सारा कुछ वैसा ही होता? क्या ज़मीन के कुछ टुकड़े हासिल करने से ज़्यादा आसान है किसी राज्य का मंत्री बनना? तभी तो मंत्रियों की संख्या बढ़ रही है और उनकी ज़मीनें भी। कैसे और क्यों हो गया वो इतना कमजोर? या फिर सारा कुछ मेरे और मेरे भैया की तरह इतना कमजोर और आम था जो अपनी माँ और भाई तक को बचा नहीं सकते थे? उन गरीबों के मुखियाओं की हत्या हुई, उन्हें जेल में भरा गया तब टी.वी। क्यों चुप और उदासीन रहा? क्यों? क्यों? क्यों?

सबसे ज़्यादा तो वह मुझे जानती थी। फिर क्यों उसने मुझ पर

फोकस किया? कैसे वह मुम्बई हिरोइन बनने चली आई? आप सब की तरह मैं भी कहीं से नहीं पकड़ पाया था और न ही उसने कभी मज़ाक़ में भी कहा था कि उसे हिरोइन बनना है? उसे पेंटिंग करना अच्छा लगता था। कैरियर को लेकर बहुत ज़्यादा सेंसेटिव कभी नहीं थी। और सबसे बड़ी बात कि क्या वह इस कहानी को इसलिए पेश करना चाहती थी कि इस कहानी पर प्रोड्यूसर फ़िल्म बनाना चाहता था और इस कहानी से बतौर राइटर मेरी पहचान बननेवाली थी? वह अपने प्रेमी की मदद करना चाहती थी या फिर वह भी अपने साथ हुई घटना को बेचकर आगे बढ़ जाना चाहती थी और अपने कद को इतना ऊँचा कर लेना चाहती कि इलाहाबाद की घटना को उसकी ज़िन्दगी में दुर्घटना की तरह देखा जाए? ये सारे सवाल आपको खटक रहे होंगे लेकिन मुझे सबसे ज़्यादा यह बात खटक रही है जहाँ कहानी ख़त्म होने के आख़िर में वह लिखती है, "रजनीगन्धा के पास शिरी के आ जाने से उसे ऐसा लगता है कि मुम्बई के एक हिस्से में एक इलाहाबाद भी रहता है।" फिर भी मैं अपनी इस खटक को जज्ब करता हूँ और सारे सवाल उसके पास रखता हूँ।)

शिरीष तुम भी...?

इतने सारे सवाल एक साथ मैंने कभी नहीं किए थे उससे। शायद इसीलिए इन सारे सवालों को सुनने के बाद वह इस तरह से मुस्कराई जो मेरे लिए एकदम नई थी। यक़ीन करिए मेरा, मैंने आज तक ऐसी अपरिभाषित मुस्कराहट उसमें क्या, किसी में भी नहीं देखी थी। इस मुस्कराहट के कई रंग थे लेकिन वह काला रंग कहीं ज़्यादा काला होकर दिख रहा था जब उससे इलाहाबाद छुड़वा लिया गया था। ऐसा लग रहा था कि इस मुस्कराहट में ही उसके सारे रहस्यों के भेद छिपे हैं।

वह मुस्कराकर चुप हो गई थी। उसकी मुस्कराहट देखने के बाद मैं विस्मय से उपजे अवसाद से ऐसा भर गया कि मैं चाह नहीं रहा था कि वह आगे कुछ भी बोले या अपने चेहरे तक से कोई प्रतिक्रिया दे। मैं यह भी देख

रहा था कि वह धीरे-धीरे कहीं डूब रही है। इस तरह उसे डूबते हुए मैंने कभी नहीं देखा था। यहाँ तक कि मैं कहानी के उस हिस्से में भी उसे ऐसे डूबते हुए नहीं देख पाया जब चैम्पियन ने उसके साथ अपनी दुकान में जबरदस्ती की थी और दुकान से निकलते ही मैं उससे मिला था। तब भी नहीं जब नए साल की शुरुआत में मुझसे मिली थी और मुझ से कुछ कहना चाह रही थी और मैं हँसता जा रहा था।

मेरी घबराहट बढ़ती जा रही थी और मैं झटके में उसे समझाने की कोशिश कर रहा था कि तुमने यह कहानी नहीं लिखी होती तो शायद मैं इतना सवाल नहीं करता। दरअसल तुम्हारी कहानी को मैं कहीं ज़्यादा तटस्थता से गढ़ना चाह रहा हूँ। इस बात पर वह फिर से मुस्कराई थी। कुर्सी से उठकर बिस्तर पर जाने के क्रम में इस बार मैं उसकी मुस्कराहट को देख नहीं पाया लेकिन मुझे लगा कि यह भी वही मुस्कराहट है। मैं इस बात से एकदम से चकरा रहा था कि अब तक की उसकी सारी मुस्कराहटें ऐसी ही थीं जिन्हें मैं कभी नहीं देख पाया था।

लेटने के बाद उसके ऊपर मैंने कमर तक चादर डाल दी और सॉरी बोलते हुए कहा कि मुझे इतने सारे सवाल एक साथ नहीं करने चाहिए थे। उसने फिर उसी मुस्कराहट के साथ करवट बदल ली। मैंने अपनी आँखें बन्द कर ली और ख़ुद से कहा कि मैंने कुछ नहीं देखा है। फिर तय किया कि इस बारे में एक भी बात नहीं करूँगा। बात को दूसरी तरफ़ ले जाने के लिए मैंने कहा कि कुछ चाय-कॉफी लोगी। मुझे लगा इस बार भी वह मुस्कराएगी इसलिए पहले से मैंने अपना चेहरा घुमा लिया था। उसने ग्रीन टी के लिए कहा और उठकर बैठ गई तो मुझे कुछ अच्छा सा लगा और उसे लेटे रहने के लिए कहा। उसने अपने बालों का जूड़ा बनाते हुए कहा, "कम ऑन यार तुम तो अच्छी ख़ासी लड़की को बीमार कर दोगे।" मैंने कुछ कहने की बजाए पानी उबलने के लिए रख दिया। वह आईने के सामने जाकर खड़ी हो गई। मैं उसके साथ खड़ी उसकी बेचैनी देख रहा हूँ। अपनी बेचैनी को झुठलाने के लिए वह फिर से अपने बालों को खोल दिया और फिर से जूड़ा बनाते हुए बोली कि शिरी तुमने कभी ध्यान दिया है, मैं जूड़े में ज़्यादा अच्छी लगती हूँ। मैं कहना चाह रहा था कि आज

तक मैंने तुमको ध्यान देकर देखा ही नहीं लेकिन इसके बदले में मुझे कहना पड़ा, "हाँ ध्यान दिया है। जब तुम सोकर उठती हो तो सबसे ज़्यादा अच्छी लगती हो।" अब इस इत्तफाक को क्या कहा जाए कि जो मैं कहना चाह रहा था उसके मुँह से सुनना पड़ा, "तुम ग़लत बोल रहे हो। तुमने आज तक मुझ को ध्यान से देखा ही नहीं है।"

मैं पानी को खौलते हुए देख रहा हूँ। मुझे मुम्बई आए हुए महीना भर बीत गया था। हमारी दूरियों के बीच की सारी बातों में दुहराव आने लगा था। बातें करते-करते रजनी को नींद आ जाती और थोड़ी देर बाद मुझे भी। मेरे लिए इससे बड़ी ख़ुशी क्या होती कि मुझे रजनी फिर से मिल गई थी। इलाहाबाद में जहाँ घंटे दो घंटे के लिए कभी छुपकर, कभी किसी बहाने से मिलते, वहीं अब चौबीस घंटे गुणा सातों दिन उसके साथ रहना हो पाता था। मैं इसी ख़ुशी में अपने पागलपन को रोक सकता था। रजनी को प्रकृति से सुन्दरता की जो नेमत मिली थी उसको उसने और सँवार लिया था। उसकी आभा ही उतनी पागल कर देनेवाली होती कि मैं सच में उसे ध्यान से देख नहीं पाता और मेरे अन्दर क़ायदे से रहनेवाली बात अखरने लगी थी।

मैं उसकी आभा, उसकी नेमत में शामिल होना चाहता था। एक शाम जब मुम्बई की पहली बारिश आई तो मेरा सब्र जवाब दे गया। वह अलीबाग में अपनी फ़िल्म की शूटिंग पर थी। वह देर रात लौटकर आनेवाली थी। मैं उसका इन्तज़ार कर रहा था और इसमें बारिश की धार ऐसी प्रतीत होती मानो मेरे इन्तज़ार का मज़ाक़ उड़ाने के लिए बरस रही हो। उसने आते ही मुझे बाँहों में भरते हुए कहा, "कैसी लग रही है तुम्हें यह बारिश। तुम्हें पता है ऐसी बारिश पूरे चार महीने होगी। फिर भी तुम बोर नहीं हो सकते।"

पहली बारिश से उसकी ख़ुशी को मैंने एक इशारा समझ लिया था। बिस्तर पर जाते ही शूटिंग के क़िस्से सुनाने लगी कि उसने एक लम्बे सीन को दो कट में कैसे पूरा कर लिया। मैं बात आगे बढ़ाने के बजाए थकी होने का वास्ता देकर उसे नींद की ओर ले जाना चाह रहा था कि उसने फिर शुरू कर दिया। मैंने तो छत्तीस घंटे का शेड्यूल पूरा किया है। मैंने चिढ़ते हुए कहा कि तुम बहुत महान हो मेरी मीना कुमारी, कम बोलो और सो जाओ। उसने अपना

हाथ मेरे ऊपर रख दिया और कहा कि अच्छा चलो तुम बोलो। मैं सुनती हूँ। मैं बोलने की बजाए उसकी नेमत में खोने लगा। बारिश और तेज़ हो गई थी। घड़ी की टिक-टिक, पंखे की आवाज़ और हवा का शोर जो अब तक बारिश की बौछारों के साथ एक अलग ध्वनि पैदा कर रहे थे वो सब किसी शामिल धड़कन की हलचल में दब गए थे। मुझे लग रहा था कि रजनी हवा और मैं जल होता जा रहा हूँ। मेरी साँसें निर्मल तालाब की लहरों जैसी एक नियत सुर में उठ-गिर रही थीं। तभी बिजली चमकी और क्षण भर के लिए रजनी का चेहरा चमका उठा। चमकते चेहरे पर आँसू की बूँदें अपने पूरे वजूद के साथ मौजूद थीं। मैं इसे उसकी ख़ुशी के आँसू मानकर उसकी नेमत को एक गति के साथ पाना चाह रहा था कि एक दबी रुलाई से फूटी हिचकी के साथ उसने कहा, "शिरीष तुम भी...?" यह सवाल क्या था, मैं इसके मतलब तक कितना जा सकता था, यह दूसरी बात थी। यहाँ पहली बात यह कि उसने शिरीष कहकर सवाल किया था। मुम्बई आने के बाद शिरी के बजाए जब भी उसने शिरीष कहकर मुझसे बात की, मुझे ऐसा लगता कि अगले ही पल वो मुझसे बहुत दूर जानेवाली है।

"शिरीष तुम भी..." के बाद मैं धड़ से कटकर अलग होती और छटपटाती अपनी आत्मा को देख रहा हूँ। "शिरीष तुम भी..." सुनने के बाद जैसे बारिश कम हो गई है और घड़ी, पंखे और हवाओं के वजूद फिर से एक शोर के साथ प्रकट हो गए हैं। अब इस शोर को दबाने के लिए कोई शामिल धड़कन नहीं थी। एक तरफ़ चेहरा करके फफक के रोती रजनी की रुलाई बारिश पर भारी पड़ रही थी। वह अपनी दबाती हुई हिचकियों के साथ किसी बाँध से मुक्त हुई नदी की तरह उमड़ रही थी। मैं उसे बाँहों में भरकर बाँध का घेरा बनाता जा रहा था। वह उस बाँध को बार-बार तोड़ देती, मैं फिर घेरा बनाता। वह इस आवेग में बहुत कुछ कहना चाह रही थी। अपनी हर एक रास्ते और उन रास्तों में हज़ारों मोड़ों का जिक्र करना चाहती थी। मुझमें इतनी हिम्मत नहीं थी कि मैं सब सुन लूँ। वह जिस ज़मीन पर खड़ी थी, मेरा आधार उतना ही रह गया था या मैं अपने लिए उतनी ही ज़मीन चाहता था। वह जहाँ पर आ गई थी मुझे उसी से मतलब था। मैं उसके इस पड़ाव को ही सबसे सुन्दर बनाना चाह रहा

था इसलिए बहुत जतन से मैंने रजनी को अगली सुबह के लिए तैयार किया। साथ में रहते तीन साल से ज़्यादा हो गया था। दुबारा मेरी हिम्मत नहीं हुई कि मैं किसी ऐसी रात में जाऊँ जहाँ से रजनी को बहुत जतन से अगली सुबह के लिए तैयार करना पड़े।

पानी को जलाकर खोया बना रहे हो? रजनी ने पास आकर जब कहा तो मैंने देखा कि पानी जलकर एक कप भी नहीं रह गया है। अभी भी वह अपनी कमर पर हाथ रखकर खड़ी मुझे ऐसे देख रही थी मानो पूछ रही हो कि क्या सोच रहे थे। लेकिन उसने कुछ पूछा नहीं तो मैं सॉरी कहकर फिर से पानी डाल देता हूँ। अब वह इस बात से चिढ़ रही है कि वह चुप होकर जो पूछ रही है मैं उसका जवाब क्यों नहीं दे रहा हूँ। मुझे चुप रहना अच्छा लगता है और मैं उबलते पानी में दो चम्मच ग्रीन टी डालकर गैस बन्द कर देता हूँ तो रजनी से रहा नहीं जाता, "कभी-कभी तो मुझे तुमसे ही डर लगता है। तुम्हें चलकर एक बार डॉक्टर से मिल लेना चाहिए।"

चूँकि मैं तब से उसकी उलझन को समझ रहा था इसलिए कुछ और कहूँ इससे बेहतर यह लगा कि बात को इस बात के दायरे से बाहर निकाल दूँ। मैं एक्टिंग की मुद्रा में आ जाता हूँ, "जहाँपनाह, तुम्हारे रहते अगर अपनी मेंटल बैलेंस के लिए किसी डॉक्टर के पास जाना पड़े तो धिक्कार है तुम्हारे साथ रहने पर।" वह एक्टिंग को सबसे ज़्यादा समझती थी इसलिए उसे भी चुप रहना ठीक नहीं लगा, "अच्छी एक्टिंग कर लेते हो पर मेरा हीरो बनने के लिए अभी बहुत मेहनत करनी पड़ेगी तुम्हें।" उसने बात को एक और मोड़ दिया और मैंने उसके हाथ में ग्रीन टी का कप पकड़ा दिया।

थोड़ी देर पहले रजनी की मुस्कराहट के बाद जो समय भारी हो गया था और अभी जो हल्का होता जा रहा था उसे मैं और हल्के मूड में ले जाना चाह रहा था कि उसने अचानक से मेरे सवालों का सिरा पकड़ते हुए कहा, "जानते हो शिरीष मैं तुमको कभी अपने उस अहसास के बारे में नहीं बता पाई जिस वजह से मैं यहाँ आ गई।" मैं उसे यहीं रोक देना चाह रहा था इसलिए बात बदलने के बारे में सोचने लगा। लेकिन वह आगे बढ़ रही थी। "मैं उस घटना को भूलना चाहती थी, आगे बढ़ना चाहती थी, जैसी बातें जो मैंने तुमको बताई

है वो सब झूठ हैं।" इतना सुनने के बाद मैं बात बदलने वाली बात को टाल देता हूँ। वह जारी रहती है, "जब उस घटना के बाद पापा दिल्ली में पूरे परिवार को लेकर शिफ्ट हुए कि दो चार महीने के बाद एक और ख़बर बनी थी। एक कश्मीरी लड़की के साथ भी वैसा ही कुछ हुआ था। पाँच-छह महीने के बाद पता चला कि वह लड़की फ़िल्म कर रही है। तुम सोचोगे कि मैं भी उसकी देखा-देखी चली आई। नहीं शिरीष। ऐसा कुछ भी नहीं था और न ही मुझे यह पता था कि वह लड़की क्यों आई फ़िल्मों में। लेकिन उस कश्मीरी लड़की की खबरों से इतना ज़रूर हुआ कि मैं उस हादसे से पीछा छुड़ाने की बजाए उसे फिर से देखने लगी।

यह देखना कुछ ऐसा हुआ कि मेरे अन्दर यह अहसास भरने लगा कि जिस लड़की को धोखे से फ़िल्म में उतारा गया हो वही लड़की अगर फ़िल्म में असल में उतरे तो वह अहसास कैसा होगा। इस अहसास के बारे में सोचो शिरीष एक बार। मैं उस अहसास को जीना चाहती हूँ जिसमें प्रतिशोध में जलता हुआ एक लड़का मुझे प्यार करता हुआ कैसे बदल रहा है। कैसे कोई और लड़का मुझे बाजार की कोई चीज़ समझकर अपनी ग्रिप में लेता है और मैं अपनी कमजोरी के साथ उसका हिस्सा बन जाती हूँ। चेहरा छुपाते और मुझे नई ज़िन्दगी देने के लिए बेचैन अपने परिवार को देखना चाहती हूँ। उस बेचैन बदहवास परिवार के सामने ताली पीटते समाज को देखना चाहती हूँ। मैं उस समय के हर हर्फ को भी खोलना चाहती हूँ जो समय मुझसे छिटक गया है। मैं उस समय में यह दर्ज करना चाहती हूँ कि निराला फिर से कैसे इलाहाबाद में मरते हैं और इसकी ख़बर किसी को नहीं होती। बस यह अहसास ही यहाँ तक की मेरी यात्रा है।" इतना कहने के बाद वह कप को टेबल पर रखकर बिस्तर पर लेट गई। मैंने फिर से उसकी देह पर चादर डाल दिया है। उसकी आँखें बन्द हो रही हैं। वह किसी पेंटिंग में चित्रित किसी अति सुन्दर युवती के शव में बदल रही है।

(मैं उस पेंटिंग पर फिर से अपना ब्रश चलाता हूँ। मैं देख रहा हूँ कि एक लड़की जो किसी पेंटिंग में शव की तरह पड़ी थी, धीरे-धीरे उसमें जान आ रही है। मैं उस जान में नई रंगत भरने के लिए

ऑक्सीजन बटोरने लगता हूँ कि वह मेरी धड़कन के क़रीब आकर मेरे सीने पर होंठ रखते हुए कहती है, "ऑक्सीजन से ज़्यादा ज़रूरी है शिरीष इसलिए मैं बिना ऑक्सीजन के भी ज़िन्दा हूँ।" कहानियों के इतिहास में सबसे कमजोर चरित्र होते हुए भी मैं रजनी के लिए ख़ुद को ज़रूरी मानते हुए अपने वर्तमान को गढ़ने और अतीत को संशोधन के लिए रेखांकित करता हूँ। यह रेखांकन मुझे इतना भा रहा है कि होश सँभालने के बाद पहली बार ऐसा लग रहा हैं कि मेरा ध्यान अब साँसों के आरोह-अवरोह पर नहीं जा रहा। और इस बात से तो घुल सा जाता हूँ कि मैं 'इतना भी' मुक्त हो सकता था!!! आह! ये मुक्ति! इससे भी बड़ी प्यास कोई हो सकती है? मुझे अक्सर लगता है कि मुक्ति की एक भीनी प्यास मेरे साथ चल रही हैं। मैं उसकी उँगली पकड़ लेता हूँ। वो मुझे देखती है और मेरी पूरी हथेली को अपने हाथों में लेते हुए कोई राज जानने की तरह पूछती है, 'क्या है?' मेरा ध्यान उसके सवाल से हटकर उस टूटी हुई बोतल पर जाता है जिस पर उसके क़दम पड़नेवाले हैं। मैं उसे अपनी तरफ़ खींच लेता हूँ। फिर बोतल को उठाकर कचरे के डब्बे में डाल देता हूँ। वो निढाल होकर मेरे कन्धे पर सर रख के चलने लगती हैं। मैं कहता हूँ कि लहरें क़रीब आ गई हैं। मेरा जूता भीग रहा है। वो एक इरिटेशन के साथ कहती है भीगने दो। मैं भीगता हुआ लौटता हूँ और रजनीगन्धा की कहानी फिर से लिखने बैठ जाता हूँ।)

घर

ईद के चाँद का दीदार करने जैसी बात होती तो मैं अपना सब कुछ ठहराकर हर साल उसका दीदार कर ही लेता। मेरी ज़िन्दगी किसी चाँद के लिए नहीं, अपने दिन और रात को कम से कम दस आना भी मिल जाए, ऐसी चाहत के लिए तड़प रही थी। हालाँकि मेरी रातें जयन्ती अपने चेहरे से रोशन कर रही थी और मेरे दिन में उसकी साँसें छाया बनकर धूप को मात दे रही थी फिर भी मेरे जेहन में ये बातें धुन्ध की तरह उठती थीं कि जयन्ती की ज़िन्दगी में मेरी वजह से जो कुछ भी छूट गया है क्या उसके लिए मैं ही जिम्मेदार हूँ?

सैकड़ों क्या हज़ारों बार जयन्ती ने इस धुन्ध से परदा हटाया है और मुझे ऐसा न सोचने की चेतावनी के साथ अपनी प्रीति की दुहाई दी है। मैं भी चाहता हूँ कि इसे किसी भी तरह से भूल जाऊँ। मगर जयन्ती की आँखें कभी-कभी अपने मायके की याद में इस तरह भरी हुई दिखती हैं कि मेरा सागर सूखने लगता है।

जयन्ती दस सालों से अपने मायके नहीं गई थी। दस साल हो गए थे उसे उम्मीद में जीते हुए कि मेरे लिए वह एक दिन रिश्तों का घेरा देगी। रिश्तों के घेरे वाली बात बस दस साल की होती तो कोई बात नहीं थी। दस साल का यह आँकड़ा मेरे दस साल की उम्र से जुड़ा है। जब मैं दस साल का था, एक ख़तरनाक बीमारी में माँ चल बसी। माँ का जाना हम भाई बहनों के लिए जो था सो था पापा तो एकदम से टूट गए थे और एक साल पूरा होने के दूसरे दिन

ही, वो भी चल बसे। मानो उन्होंने माँ से कभी वादा किया हो कि एक साल से ज़्यादा वो उनके बिना नहीं रह सकते। तब से ही दुख और उपेक्षा ही मेरी परछाईं बने हुए हैं। दस साल का यह अँधेरा जयन्ती के लिए नया हो सकता है। मैं तो शुरू से ही धरती के नीचे रह रहा था।

घर में भइया सबसे बड़े थे और उनके नीचे तीन बहनें और सबसे छोटा भाई मैं। माँ की बीमारी को देखते हुए माँ के आग्रह पर पापा ने भइया की शादी माँ के रहते ही कर दी थी। पापा भइया की शादी करके दुनिया के पार चले गए और अपने पीछे एक पुराना घर और अपनी बैंक की गाढ़ी कमाई छोड़ गए थे। मुझ से दस साल बड़े भइया के ऊपर मुझे बड़ा करने के अलावा तीन बहनों की शादी करने की जिम्मेदारी आ गई थी। कम्पन्शेसन के आधार पर पापा के बदले भइया को बैंक में नौकरी मिल गई थी और पापा के बचाए हुए पैसों से भइया ने बहनों की शादी कर दी थी। मैं भइया की कमाई पर बड़ा हो रहा था और मेरे साथ भइया के दो लड़के भी बड़े हो रहे थे। कच्ची उम्र में जिम्मेदारी की वजह से भइया की समझदारी बढ़ गई थी जिसमें भाभी ने घर की मालकिन बनकर उनकी समझदारी में दुनियादारी का रंग भर दिया था।

इन सब के बीच मैंने हाईस्कूल पास कर लिया था और इतना सयाना होता जा रहा था कि भइया के कपड़े मुझमें फिट होने लगे थे। मैं कपड़ों का शौकीन कभी नहीं रहा फिर भी होली, दिवाली, छठ जैसे बड़े त्यौहारों पर पापा ने जो अपनी पसन्द के कपड़े ख़रीदने का चलन बना रखा था उससे इन अवसरों पर ऐसी चाहत बनी रहती।

भइया जब ऐसे मौकों पर मेरी अनदेखी करने लगे और भाभी उनके पुराने कपड़ों को मुझे सौंपने लगी तो मुझे अच्छा नहीं लगता। भाभी मुझे कपड़े देते हुए कहती कि आप पर ये कपड़े आपके भइया से ज़्यादा अच्छे लगेंगे क्योंकि वो अब पहले से दुबले हो गए हैं। हालाँकि भाभी मेरे मोटे होने की बात नहीं करती लेकिन मेरे चुप रहने के बाद भी वह समझ जाती कि मैं उनसे पूछ रहा हूँ कि क्या मैं मोटा हो गया हूँ? तभी तो अपने आप कहती, “आप का शरीर अच्छा है। वह मर्द क्या जो मर्द की तरह नहीं दिखे।” फिर मेरे अच्छे शरीर होने का मतलब बताती, “आपकी नौकरी तो फ़ौज में रखी हुई है। बस अपने

दौड़ने का रियाज बनाए रखिएगा।"

हालाँकि बात नए पुराने कपड़ों और मुझे अच्छा न लगने की नहीं थी। अगर यह बात हो भी तो अच्छी बात नहीं है। मगर भाभी का कुछ और ही मतलब होता। वह हमेशा, हर बात में घर की जिम्मेदारी उठा रहे भइया के संघर्षों को बीच में ला देती, बहनों की शादी करने का अहसान जताती और क्रिकेट खेलने की वजह से मुझे एक नाकारा के रूप में देखती। इतना ही नहीं वह बार-बार मेरे माँ-बाप न होने का अहसास करातीं। उनका मानना था कि जिसके माँ-बाप न हो उसे खेल-वेल, घूमने-फिरने से दूर ही रहना चाहिए। उनका मानना कितना सही था या ग़लत यह मैं नहीं जानता था लेकिन यह बात मेरे दिल में घर करने लगी थी कि माँ-पापा होते तो घूमना-फिरना, खेलना-कूदना सही होता। ये बातें जब मेरे मन में उठने लगीं तो भइया-भाभी और बहनों के बीच रहते हुए जिन मरे हुए माँ-बाप को मैं भूल गया था वह फिर से याद आने लगे थे।

जब भइया समझदार हो रहे थे, भाभी उनमें दुनियादारी भर रही थी और मेरी तीनों बड़ी बहनें भइया-भाभी के कहने पर मुझे समझाइश की चिट्ठियाँ लिखा करतीं तब मैं चीज़ों को याद करने में विश्वास करने लगा था। वह अहसास जो दस साल की उम्र से ही माँ-पापा के न रहने से रिक्त हो गया था मैं उसे भरने के पीछे पड़ गया। मैं फिर से दस साल छोटा बच्चा बनकर उन स्मृतियों में डूबने उतराने लगा। पापा जब बनारस से गाँव आते, उनके साथ गंगा किनारे टहलने जाता। मकई की बालियों पर बैठे तोते को उड़ाता। नीलकंठ और पंडुकों के पीछे भागता। वे मुझे अपने गमछे से पगड़ी बाँधते और मैं उनके हाथ से लाठी लेकर अपने कन्धों पर रखता और बाँहें भाँजते हुए घर आता। मैं सब कुछ से बेपरवाह घर आकर कभी माँ तो कभी पापा का हँसता हुआ चेहरा देखता रहता।

यादें मेरी पढ़ाई को खा रही थीं फिर भी मुझे उनमें डूबे रहना अच्छा लगता। जब इंटर में जैसे-तैसे पास हुआ तब पता चला कि अच्छा लगने और न लगने से परे एक ज़िन्दगी होती है जिसका दाँव कभी खाली नहीं जाता। मेरी यह धारणा तब और सही साबित हुई जब भइया ने आकर फरमान सुनाया कि तुम्हारी इस तरह से पढ़ाई रही तो मैं अब और सँभाल नहीं पाऊँगा। हालाँकि

मैं अपनी इस तरह की पढ़ाई को उस तरह की पढ़ाई में बदलना चाहता था लेकिन फौज में जाकर जल्दी नौकरी नहीं करने से नाराज भाभी ने जब सुझाव के लहजे में आदेश दिया कि आजकल तो लड़के ट्यूशन पढ़ाकर अपनी पढ़ाई करते हैं तब मैंने सोचा कि जब बात इतने तक आ ही गई है तो पढ़ाई को उस तरह करने के बजाए इस तरह से ही करते हैं और अपने घर की यादों में फिर से सफ़र करते हैं।

बनारस से मेरा गाँव बस चालीस किलोमीटर की दूरी पर था। इस वजह से यह शहर बड़ा होने के बाद भी बहुत छोटा लगता। मगर जब ट्यूशन पढ़ाकर पढ़ने की बात आई तो मेरे लिए बनारस दुनिया का सबसे बड़ा शहर लगने लगा। मरता क्या नहीं करता। मुझे यादों में जीना अच्छा लगने लगा था और अपने इस अच्छा लगने के मैंने लिए ट्यूशन पढ़ाना शुरू किया। हर काम की तरह मेरी शुरुआत बिल्कुल अच्छी नहीं रही और मैं हार कर भइया-भाभी का पैर पकड़ लेना चाहता था कि मुझे कुछ दिन और सँभाल लो।

भीतर से बहुत जोर का उबाल आता कि भइया भइया ही नहीं होता पापा के बाद पापा भी होता है इसलिए जैसे पापा की पीठ पर लद जाए करता था वैसे ही अपनी ख्वाहिशों के लिए भइया की पीठ ही सही जगह है और उस पर लद जाना चाहिए। मगर अपनी ज़िन्दगी को संघर्षहीन बनाने के लिए भइया-भाभी के पैरों पर गिरने की बात दिल से निकल ही नहीं पा रही थी। हिम्मत जवाब दे रही थी और मुझे हिम्मत से यारी करनी थी इसलिए अपनी इस स्थिति को मैं तीन माह तक टालता रहा।

किसी भी कठिन काम को करने से पहले ही मैं काँप जाए करता था और ट्यूशन पढ़ाकर पढ़ना मेरे लिए बहुत ही कठिन होता जा रहा था। मैं काँपता हुआ अपने घर को स्मृतियों में नया कर रहा था। ऐसे में मैं जिन यादों के सहारे जी रहा था वे चटकने लगी थीं और मेरे नए घर में दरारें पड़ने लगी थीं। इसलिए पुराने घर को देखने गाँव चला गया। सोचा था कि भइया-भाभी मेरे ख़र्च को लेकर कुछ बात करेंगे लेकिन चार दिन बाद मैं बनारस आने लगा तो भाभी ने बस मुस्कुराते हुए पूछा कि फिर कब आएँगे? उस समय मैं कुछ कहता तो शायद रो पड़ता। मैं महसूस कर रहा था कि मैं अगर रो दिया तो एक असाध्य

ख्वाहिश हासिल हो जाएगी लेकिन मुझे कुछ हासिल नहीं करना था। मुझे तो बस घर चाहिए था जिसे मैं बना रहा था, जिसमें दरारें पड़ रही थीं इसलिए मैं चुप रहा और मुस्कराने भर की कोशिश की। भाभी की गोद में उनका छोटा लड़का, जिसकी उम्र गोद में खेलने की नहीं थी फिर भी खेल रहा था और भाभी उसके बालों में हाथ फेरते हुए कुछ-कुछ बोल रही थी, मसलन सेहत का ध्यान रखिएगा, दोस्तों पर पैसा मत उड़ाइएगा, अब तो आप को समझ में आ ही गया होगा कि घर का खाना ऐसे नहीं बनता हैं, देखिए मेरे हाथ कितने भद्दे हो गए हैं। भाभी की ऐसी बातों से मैं दुखी होने का आदी हो गया था पर ऐसा पहली बार हुआ था कि भाभी के चेहरे में मुझे माँ दिखाई दे रही थी।

यादों में जीने की आदत पड़ने के बाद यह पहला अवसर था जब भाभी को देखते हुए माँ को भूल जाना चाहता था। मेरी तीव्र इच्छा हुई कि मैं जाकर भाभी से लिपट जाऊँ। लेकिन भाभी ने इतनी लाइनें खींच रखी थी कि मैं ऐसा कर ही नहीं सकता था। लकीरें मोटी होती जा रही थीं फिर भी मेरी तड़प कम नहीं हो रही थी। अपने भतीजे के हाथों में थूक मलने के लिए जैसे-जैसे भाभी और भतीजे के क़रीब जा रहा था, वैसे-वैसे उन यादों के क़रीब चला गया जहाँ मैं अपनी माँ के गोद में बैठा हुआ हूँ और वो मेरे बालों को सँवार रही है। मेरी आँखें भर आई थीं। मैंने आँसू को थाम रखा था कि कहीं मेरे नए घर के दरार पड़ी दीवारों में सीलन न आ जाए। रुलाई रुलाई होती है जो कहीं होती नहीं बस आती है। बाहर वह आ न जाए इसलिए भाभी के पास जाते ही मुझ से रहा नहीं गया और मैंने अपने भतीजे के हाथों में थूक मलने की बजाए भाभी के माथे को चूम लिया। मुझे लगा कि माँ-पापा के दुनिया पार जाने के बाद मैं धरती के अन्दर चला गया था, अब बाहर आ गया हूँ। मगर भाभी ने चूमने को चूमने की तरह ही लिया। वह हल्की घबराहट के साथ अपने बेटे को उठाते हुए खड़ी हो गईं। फिर मेरी तरफ़ अनमने ढंग से देखकर कहने लगीं, "आप सयाने हो गए हैं। मेरी बात माने होते तो अब तक आप फौज में नौकरी कर रह होते, फिर मैं अपने से भी सुन्दर लड़की छाँटकर आपकी शादी करवा देती। तब आपको मेरी तरफ़ ऐसे देखने की ज़रूरत नहीं होती।" मैं सन्न रह गया था। इस सन्न होने ने, मेरे ख़ून को जमा दिया था। मैं कहना चाहता था कि नहीं भाभी आप

ग़लत सोच रही हैं लेकिन मैं तो अरसे बाद धरती के नीचे से आया था और दुनिया के उस पार जाने के बाद भी इस दुनिया में माँ के माथे को चूमा था इसलिए ग़लत सही की बात करने की सोचकर ही मुझे घिन सी आई। मैंने उस आरोपित चुम्बन को अपनी स्मृतियों में जज्ब किया और बनारस चला आया।

समय बीतता गया और मेरे साथ दो चीज़ें अच्छी हुईं। मुझे अब ट्यूशन वाला कठिन काम करने में मजा आने लगा और मैंने एक कोचिंग खोल ली। घर से पैसा भले नहीं मिलता, मेरे मकान मालिक के पास भइया-भाभी का फ़ोन ज़रूर आता। वे मेरा हाल-चाल लेकर, मुझे जिंदा पाकर ख़ुश हो जाते लेकिन गाँव आने के लिए कभी नहीं कहते। इस बीच मुझे फ़ोन आया कि भैया अपने हिस्से की ज़मीन बेच रहे है। मैं कुछ कहना चाह रहा था लेकिन उन्होंने गाँव की बदहाली और शहरों की चमक को लेकर ऐसा समझाया कि मैं समझ गया कि यह समझाइश मुझे चुप कराने के लिए है। मैं चुप रहा और भइया ने गाँव की कुछ ज़मीनें बेचकर अपने ससुरालवालों के साथ मिलकर लखनऊ में ज़मीन ख़रीद ली। मेरे रिश्तेदार और गाँव वालें इस बाबत मुझे भड़काते लेकिन मुझे अच्छा लगता कि भइया घर की जिम्मेदारियों से अलग अपनी ज़िन्दगी के लिए कुछ कर रहे थे।

दूसरी चीज़ मेरे साथ अच्छी हो रही थी कि मेरे पास पैसे रहने लगे थे। पर दुख इस बात का होता कि मैं अपना पैसा ख़र्च नहीं कर पाता। जो दोस्त थे, वे गाँव में थे और मेरा गाँव फलक के पार चला गया था, जहाँ जाने की इजाजत मेरा वक़्त नहीं दे रहा था। घर में उपेक्षा मिलने की वजह से मेरे अन्दर एक बेरुखी आ गई थी जिससे मैं दोस्त भी नहीं बना पाया था। भइया-भाभी को मैं पैसे भेजना चाहता लेकिन मेरे भविष्य को लेकर उन्होंने कहा कि आगे तुम्हारे काम आएँगे सँभाल कर रखो। मैं कहना चाहता था कि मैं एक बार अपने अतीत को जीना चाहता हूँ लेकिन वे मुझ से अब बात करने से बचने लगे थे। उन्हें लगने लगा था कि मैं उनके साथ रहूँगा तो लखनऊ वाली ज़मीन के लिए हिस्से की बात करूँगा जिसकी क़ीमत दो लाख रुपए के हिसाब से सालाना बढ़ रही थी। एक तरह से अघोषित रूप से मुझे अलग कर दिया गया था।

मैं बिल्कुल अकेला होता जा रहा था। न जाने क्यों वैसी लड़कियाँ भी

मुझे नहीं मिलीं जिनके बारे में सुन रखा था कि अय्याश लड़कियों की दुनिया में एक अलग ही जमात हुआ करती है, जिन्हें पैसेवाला यार चाहिए होता है। कहते है ना कुत्ते का भी एक दिन आता है। कुछ वैसा ही दिन था। उस दिन मैं बी.एच.यू. के गेट से जब बाहर निकल रहा था। बी.ए. का एन्ट्रेंस देने के लिए आई एक लड़की मेरी बगल से गुज़र रहे एक आदमी से आई टी फेकल्टी का पता पूछ रही थी। उस राही को धन्यवाद जिसको यह पता मालूम नहीं था। मैं हालाँकि अस्सी घाट पर बैठने जा रहा था, मैंने पता बताने की बजाए कहा, "कि चलिए उधर मुझे भी जाना है।" उस छोटी सी दूरी में मैंने अपना नाम प्रेममणि बताया और उसका नाम जाना कि वो जयन्ती है। नाम के बाद कहाँ से हैं आप और हम की बात उठी तो पता चला कि वो मेरे भाभी के गाँव की है। वह लड़की मेरे भाभी की पसन्द की लड़की नहीं थी लेकिन भाभी से एक हद ज़्यादा सुन्दर थी। पता नहीं क्यों उन दिनों लगने लगा था कि भाभी से एक हद आगे की चीज़ों में मेरे प्राण बसते है।

उस पहचान को एक नींव देने के लिए मेरी तरफ़ से यह बड़ी बात थी। इसलिए मैं जयन्ती के पेपर का हाल-चाल लेने के लिए आई.टी. फैकल्टी पर छोड़ते हुए कहा कि आप एक्जाम देकर आइए, मैं आपका कैम्पस के विश्वनाथ मन्दिर के पास इन्तज़ार करूँगा। वो एक्जाम देकर मुझे खोजते हुए आई। शायद उसका पेपर अच्छा गया था। मैं पेपर का हाल-चाल लेने के बाद मैंने ज्योति को अपने कमरे पर ले जाने के बारे में सोचा। जब सोची बात मेरी जबान पर आई तो पहली बार उसकी आँख चमकी फिर बुझ गई। मैं बात को समझ गया था लेकिन बात निकल गई थी सो उसे सँभालते हुए अपने निमंत्रण के पहले वाक्य में एक वाक्य और जोड़ना चाहते हुए कहा, "अगर आपको दिक़्क़त न हो तो..." अभी 'तो' के आगे मेरी बात जुड़नेवाली ही थी कि जयन्ती ने अचानक से आप से तुम पर आते हुए कहा, "मैं क्यों चलूँ तुम्हारे कमरे पर?"

इस बिहैव में हुए अचानक तब्दीली देखकर मुझे हैरान होना चाहिए था। घबराने की हद तक घबराना चाहिए था और अपने पैरों के नीचे की ज़मीन तलाशनी चाहिए थी। लेकिन ऐसा कुछ भी महसूस नहीं हुआ क्योंकि मैं भाभी द्वारा चूमने को चूमना ही मानते हुए देख चुका था। इसलिए भाभी वाले

अहसास के बरक्स जयन्ती का आप से तुम पर आना भीड़ भरे रास्ते में किसी से स्वाभाविक तौर पर टकराने से ज़्यादा कुछ नहीं था मेरे लिए। इसलिए जयन्ती के जवाब में हकलाते-हिचकिचाते यह दलील देना कि आप मेरी भाभी के गाँव की हैं। कुछ तो आदर करना चाहिए। ऐसी किसी दलील की बजाए मैंने बिना मिर्च मसाला लगाए, हल्की मुस्कान के सहारे से कहा, "चाय पीने के लिए और किसलिए?" इस बात पर उसकी बुझी आँखें एक बार और चमकीं। फिर उसने इधर-उधर देखा। आस-पास चाय की दुकानें सजी हुई थीं और लोग भी वैसे ही भरे हुए थे। कुछ पल देखने और सोचने के बाद अचानक से वो फिर तुम से आप पर आ गई, "चलिए आप के यहाँ चाय पीना ही अच्छा रहेगा।"

चाय बनाते हुए मैं हवा के झोंके से बार-बार बन्द हो जा रहे दरवाज़े को बार-बार खोलता ताकि बन्द कमरे की फैंटसी कमरे में न रह जाए और जयन्ती मेरे बारे में सोचने के अलावा कुछ और न सोच पाए। फिर भी उसने मेरे कमरे पर बहुत डरते हुए चाय पी। मैं उसे छोड़ने गया तो वह ख़ुश थी। मैंने इस ख़ुशी को उस दिन कुछ और समझ लिया था लेकिन उसने बाद में मुझसे बताया कि उस दिन मैं इसलिए ख़ुश थी कि तुमने मुझे सही सलामत छोड़ दिया था।

हम एक ही जाति के थे फिर भी प्रेम हमारे समाज में हैसियत और माँ-बाप की गठरी में ही बँधे हुए होते थे। इसीलिए जब जयन्ती और मैंने शादी करने की बात की तो जयन्ती के घर में बवाल हो गया। जयन्ती के घरवालों ने मेरे बारे में पता किया तो पता चला कि लड़के के पास गाँव में बचे हुए पुराने घर के अलावा कुछ नहीं है। जो है सब इसके भइया के पास। भाभी जयन्ती के गाँव की थीं और भइया उस गाँव के दामाद इसलिए मेरे अनैतिक कर्म के बरक्स भाभी को अपना नइहर रास आया और भइया ने दामादगिरी का नमक अदा किया। दोनों जयन्ती के परिवार की सामूहिक तसवीर में शामिल हो गए थे और हम दोनों को किसी भी तसवीर में एक साथ नहीं देखना चाहते थे।

एक कहावत है कि दोस्त तो दोस्त भगवान दुश्मन को भी बेवकूफ ना बनाए। इसलिए भाभी की समझदारी मेरे हक में चली गई थी। वरना मैंने तो जब से जयन्ती के पापा की धमकी सुन रखी थी तब से मेरी तरफ़ देखनेवाला हर आदमी मुझे हत्यारा दिखाई देने लगा था। मेरी काली करतूत से भाभी किसी

खिचखिच में न पड़ जाएँ और उनके मायकेवालों की जयन्ती के घरवालों से कुछ अनबन न हो इसलिए सबको समझा दिया, "बाँधी तो गाय ही जाती है साँड़ को कहीं बँधा हुआ देखा है किसी ने? हो हल्ला करने से अच्छा रहेगा कि इज़्ज़त बचाई जाए और बिगड़े को बनाया जाए।" इसलिए मैं अपने गुनाह के साथ परिधि में चला गया मगर गाय को फिर से बाँधा गया, उसे समझाया गया, पीटा गया, सरकारी नौकरीवाले लड़के से शादी तय की गई। मगर जयन्ती गाय हो तब तो बँधी रहे। उसके पास चार पैरों के बजाए दो ही पैर थे लेकिन दो हाथ ज़्यादा थे जो किन्हीं और दो हाथों से मिलने के लिए बेचैन रहते थे। जयन्ती मेरे पास चली आई और अपनी बीसों अँगुलियों को मेरी बीसों अँगुलियों में पिरोने लगी।

मेरा घर तो छूट ही गया था। जयन्ती के इस फैसले ने जयन्ती के घर को भी छुड़ा दिया था। मैंने जिस नए घर की कल्पना कर रखी थी वह समय के साथ इतना एकाकी हो जाएगा मुझे नहीं पता था। मेरे हाल-चाल की ख़बर कभी-कभार भइया-भाभी ले लिया करते थे लेकिन जयन्ती को पूछनेवाला कोई नहीं रह गया था। भाभी मेरी इतनी शुभचिन्तक हो गई थीं कि वह मुझसे जताने की कोशिश करतीं कि आप को उस लड़की ने बहका दिया नहीं तो आप की शादी ऐसी होती की दुनिया देखती। शायद इसीलिए जयन्ती को वह देखना नहीं चाहतीं। जयन्ती ने मानो ज़िन्दगी के हर नुक्ते को पहचान लिया था इसलिए ऐसी सहूलियतों से बचने की कोशिश करती। उसे पढ़ना और आगे बढ़ना अच्छा लगता लेकिन जब गलियाँ होली के रंगों से भर जातीं, दीवाली में दीवारें रोशनी पर खड़ी नज़र आतीं और छठ में सारा शहर दियों पर चलता नज़र आता तो उसकी आँखों के कोरों से प्यासे बादल की नमी ढुलकने लगती।

समय बीतता जा रहा था लेकिन आनेवाले हर समय में कुछ अधूरा बीत जाने की कशिश साथ चलती। फिर भी हम ख़ुश रहने की कोशिश करते। जयन्ती मुझे मेरे घर के नाम मुन्ना से पुकारती और मैं उसे चलनी पुकारता जो उसका घर का नाम था। वह कभी मेरा भइया बनती, कभी भाभी, तो कभी अपनी माँ तो कभी कुछ और, मैं भी कुछ और बनकर जवाब दिया करता। दिनों की ऊब के बाद जब वह कहती, "मुन्ना तुम क्या दिन भर कोचिंग के पीछे भागते रहते हो? जाओ जयन्ती को कहीं घुमा लाओ। तुम्हें सोचना चाहिए

कि वह तुम्हारे लिए घर से भाग आई है।" मैं उसे गम्भीरता से लेता और जयन्ती को तैयार होने के लिए कहता तो वह भाभी बन जाती, "बीवी को ज़्यादा सर पर मत चढ़ाइए देवर जी, नहीं तो साँस लेने के लिए तरस जाएँगे।" तब मैं कहता, "तो क्या भइया साँस नहीं लेते हैं भाभी?" इस पर वह गुस्साते हुए कहतीं, "जाइए जो मन करे वो करिए, मेरी सुने होते तो आपकी ऐसी हालत होती?" या फिर जब कभी जयन्ती मुझसे नाराज हो जाती तो मैं उसकी मम्मी बन के कहता–

"चलनी पति से नाराज हुआ जाता है कहीं! जाओ उससे बात करो, देखो तो वो कितना अकेला है?"

"अरे वाह मैं कितनी अकेली हूँ इसकी परवाह है किसी को?"

"तो क्यों अकेली हो? मुन्ना तेरे साथ नहीं है?"

"मुन्ना को क्या चाहिए उसे पता चले, तब तो वो साथ रहेगा या कहीं रहेगा?"

तब मैं उसके पास जाकर हौले से उसके हाथ को दबा देता और वह कहती कि हटिए मुझे हर समय मज़ाक़ अच्छा नहीं लगता। मैं उससे हर समय क्या अच्छा लगता है जानने के लिए ज़िद करता और वह कुछ न बताने की ज़िद ठान लेती। इतने में हम इतने क़रीब आ जाते कि फलक के पार चले जाते और सुबह में हमारी उँगलियाँ फँसी हुई मिलतीं। कभी-कभी की नाराजगी और हर बार की क़रीबी से हम जी रहे थे लेकिन अपने-अपने घरों की याद मरने से कम नहीं अखरती और इसी बीच हमारी नन्हीं परी आ गई।

जयन्ती की चार भाई-बहनों की शादी हुई। भतीजे का मुंडन हुआ। नए घर का गृह-प्रवेश हुआ। फिर भी जयन्ती नहीं बुलाई गई। जयन्ती ने पहली बार में ही जब उसकी छोटी बहन की शादी में उसे नहीं बुलाया गया तो उसने फैसला कर लिया था कि अब वह अपने मायके जाने की बात ख़ुद नहीं करेगी, लेकिन मुझे गाँव चाहिए था, घर चाहिए था, ढेर सारे रिश्ते चाहिए थे फिर मैंने भइया के मामले में सुन और देख रखा था कि सास-ससुर अपने दामाद को बेटे जैसा प्यार करते हैं। इसलिए हमेशा मैं जयन्ती के मायके जाने की बात करता और फ़ोन करवाता रहता जिसकी वजह से वह हर बार अपने फैसले को टालती

रहती। फैसले टालने से उसे ख़ुशी मिलती और मैं ये समझने से नहीं चूकता कि इस ख़ुशी में वह मेरी ख़ुशी से ज़्यादा अपने मायके जाने की ख़ुशी महसूस करती। तब मुझे कचोट सी उठती कि जो घर मुझ से छीन गया है और जिसका दुख मुझे सालता रहता है, फिर कैसे मैंने जयन्ती को भी वैसे दुख में डाल दिया था। तब तो वैसा लगता जैसे बुखार की तिखाई मेरी जीभ पर जम जाती जब अहसास होता कि मैंने जयन्ती से प्यार किया था या अपने अकेलेपन से तंग आकर अपने नए घर की नींव के लिए इस्तेमाल किया था। बहुत सहमते हुए जयन्ती से जब ऐसी बातें करता तो चहक जाती कि प्यार जो होता है वो होता होगा, तुम नए घर के लिए फलक के पार जा रहे हो उसमें मैं भी तुम्हारे साथ जाना चाहती हूँ। बस! और किसी प्यार के होने की बातें मत करना।

ज़िन्दगी में जो मुहावरे आते हैं उनके अर्थ देर से खुलते हैं और जब वे खुलते हैं ज़िन्दगी महसूस होने लगती है। मैं कोचिंग से ऊब गया था और चीज़ों को मैनेज करते-करते थक गया था इसलिए जालन्धर के एक प्राइवेट कॉलेज में मैथ का लेक्चरर बनकर चला गया। अभी एक साल भी काम नहीं किया था कि दिल्ली के सरकारी मगर अचर्चित कॉलेज में लेक्चरर बन गया। ख़बर भइया-भाभी के पास भी पहुँची और जयन्ती के घर भी। जो भी हो मेरा वक़्त आ गया था। भइया के बच्चे बड़े हो रहे थे और उन्हें ऊँची शिक्षा के लिए बहुत पैसों की ज़रूरत थी। भाभी को और ज़मीन लेनी थी जिसके लिए पैसे कम पड़ रहे थे। मैंने इतना कहा कि पैसों के लिए मैं जयन्ती से बात करता हूँ। भाभी क्षण भर के लिए चुप हो गईं लेकिन भाभी तो अपनी थी उनका चुप रहना शोभा नहीं देता। "जब जयन्ती से बात करनी है तो तुम क्या करोगे फ़ोन दो मैं ही करती हूँ।" मैंने फ़ोन जयन्ती को दिया और वो मैं...मैं...मैं...इसमें मुझसे क्या पूछना है। फ़ोन रखने के बाद जयन्ती मुझसे नाराज हुई कि तुम्हें क्या लगता है, "मैं भी वैसी ही हूँ।" मैंने मज़ाक़ में कहा, "हाँ तुम भी वैसी हो"। मज़ाक़ की बात थी फिर भी झगड़े हो गए हमारे बीच। फिर हम एक दूसरे के मम्मी-पापा, भइया-भाभी बने और रात ढलने के बाद सुबह में हमारी उँगलियाँ फँसी हुई पाई गईं।

बच्ची जब हमसे बात करने लगी, हमारी सुनने लगी और हमें परेशान

करने लगी तो अब हम भइया-भाभी, मम्मी-पापा बनने से बचने लगे और हमें लगा कि हम कुछ खो रहे हैं। एक दिन मैं कॉलेज की ओछी राजनीति से परेशान अपने फ्लैट पर आया कि जयन्ती की रुलाई सुनाई दी। जयन्ती को घरवालों ने बुलाया था। जयन्ती फफक-फफककर रो रही थी और मैं उसे इसलिए चुप करा रहा था, ताकि पता कर सकूँ कि उसके साथ मुझे बुलाया गया है कि नहीं। वह बहुत मुश्किल से चुप हुई। उसके बाद कोई मेरी ख़ुशी का हिसाब नहीं लगा सकता था। मैं बनारस शहर में होता तो बस पकड़कर तुरन्त अपनी ससुराल के लिए निकल जाता। मगर यह दिल्ली सच में बहुत दूर की कौड़ी है। मैं एजेंट को फ़ोन करके दो-तीन दिन के अन्दर के दो टिकट बुक करना चाह रहा था कि जयन्ती ने कहा कि इतनी भी जल्दी क्या है कुछ भाव तो खाने दो। मैं फिर जयन्ती से लड़ बैठा और जो हासिल हुआ उसके अनुसार हमें बीस दिन बाद जाना था।

ससुराल जाने के लिए मैंने कई सारी तैयारियाँ कर ली थीं। कभी मैं बाल कटवाने के अलावा दाढ़ी बनाने के लिए सैलून नहीं गया था। मगर बीस दिन के अन्दर मेन्स पॉर्लर में जाकर कई बार फेशियल करवा चुका था। अपने लिए हर तरह के कपड़े ख़रीद लिए थे जिसमें धोती कुर्ता तक को भी नहीं बख्शा था। और तो और मेरे पेट पर चर्बी न चढ़ जाए इसके लिए भी जो इन्तजाम हो सकते थे, मैं कर रहा था। यह तैयारी सिर्फ़ अपने लिए ही नहीं, जयन्ती के लिए और अपनी चार साल की बच्ची के लिए भी वैसे ही की थी। जयन्ती के हाथ कहीं और खुरदरे न हो जाएँ इसलिए ज़्यादातर बरतन मैं ही धुलने लगा था। जयन्ती के ना-ना करने के बाद भी वाशिंग मशीन ख़रीद ली। मैं अपनी ससुरालवालों को हर तरह से जता देना चाहता था कि तुम्हारी बिटिया दुनिया के सबसे अच्छे लड़के के हाथ में गई हैं। मैं ऐसा करूँ भी तो क्यों नहीं। आख़िर मुझे मेरा घर मिल रहा था।

जयन्ती मेरी ख़ुशी को लेकर सवाल करती है और मैं एक चलताऊ जवाब, "तुम्हारी ख़ुशी मेरी ख़ुशी है" न देकर पूछता हूँ, "क्यों तुम अपने मायके जाने को लेकर ख़ुश नहीं हो?" वह जवाब पाने की जगह मेरे इस सवाल से घबरा जाती है। उसे लगता है कि उसकी चोरी पकड़ में आ गई है या फिर वह अभी भी उस डर और उपेक्षा से निकल नहीं पाई हैं। वह बात बदल

के निकल जाना चाहती है। मैं भी कुछ ऐसा नहीं चाहता था कि बीती हुई बातों को फिर से उधेड़ा जाए और कहीं से कोई ऐसा सिरा निकल जाए जिससे मेरे ससुराल जाने पर फिर से पानी फिर जाए।

कुछ दिनों से मेरे ससुर की तबीयत ख़राब चल रही थी और उन्हें मरने का डर सता रहा था। ऊपर से उनके और बेटे बेटियाँ उनसे दूर हैं और उनके पास न आने की उनकी अपनी कोई मजबूरी है। शायद इसीलिए उनमें अपनी नालायक बेटी को देखने की इच्छा अचानक से जाग गई थी। ऐसा होने में कुछ हद तक यह भी था कि मैं कोचिंग संचालक से कॉलेज में लेक्चरर हो गया था और मेरी हैसियत बढ़ गई थी। जो भी हो मैं ख़ुश था। बहुत ख़ुश। बस एक चिन्ता सता रही थी कि मेरे सास-ससुर कही जयन्ती को पाकर मेरी बिल्कुल अनदेखी न कर दें क्योंकि मैंने उनकी भोली-भाली बच्ची को बहका लिया था।

मैंने ससुराल के हाते में दाख़िल होने से पहले जयन्ती को देखा। उसने हल्की सुग्गापंखी रंग की साड़ी पहनी हुई थी। इससे मैं थोड़ा सशंकित था कि इस रंग में उसकी उपेक्षावाली उदासी कहीं बाहर न आ जाए। मैंने जयन्ती को इस बात के लिए इशारा किया। फिर बिटिया को हँसाने के लिए गुदगुदाने की कोशिश की। मगर जयन्ती फुदकती हुई घर में दाख़िल हो गई। भीतर से अचानक चिड़ियों की चहचहाहट जैसी ध्वनियाँ आने लगीं। मैंने ससुर जी को 'पापा प्रणाम' कहते हुए पाँव छुए और उन्होंने आशीर्वाद देने की बजाए कहा, "प्रेममणी अच्छा किए तुम आ गए।" फिर उन्होंने अपनी पत्नी को आवाज़ दी। वह भागती हुई आईं और मुझे देखते ही अपने बड़े लड़के का नाम लेते हुए कहा कि यह बिट्टू जैसा ही है। मैं कहना चाह रहा था कि दस साल पहले आपने मुझे देखा होता तो आपके पास दस साल से दो बिट्टू होते लेकिन मैं कुछ कह नहीं पाया। मेरे अन्दर ख़ुशी की भँवरें उठ रही थी लेकिन मैं अभी अपनी माँ के माथे को चूमकर कोई रिस्क लेना नहीं चाहता था।

●●●